会计文化探索丛书

财话『西游』

杨良成◎著

立信会计出版社

图书在版编目(CIP)数据

财话"西游"/杨良成著.—上海:立信会计出版社,2018.1
(会计文化探索丛书)
ISBN 978-7-5429-5650-7

Ⅰ.①财… Ⅱ.①杨… Ⅲ.①会计—文化—研究—中国 Ⅳ.①F23

中国版本图书馆 CIP 数据核字(2017)第 317244 号

策划编辑	方士华 孙 勇	
责任编辑	方士华	
封面设计	南房间	

财话"西游"
Caihua Xiyou

出版发行	立信会计出版社			
地　　址	上海市中山西路 2230 号	邮政编码	200235	
电　　话	(021)64411389	传　真	(021)64411325	
网　　址	www.lixinaph.com	电子邮箱	lxaph@sh163.net	
网上书店	www.shlx.net	电　话	(021)64411071	
经　　销	各地新华书店			
印　　刷	上海天地海设计印刷有限公司			
开　　本	880 毫米×1 230 毫米	1/32		
印　　张	8.25	插　页	1	
字　　数	226 千字			
版　　次	2018 年 1 月第 1 版			
印　　次	2018 年 1 月第 1 次			
印　　数	1—3 100			
书　　号	ISBN 978-7-5429-5650-7/F			
定　　价	29.00 元			

如有印订差错,请与本社联系调换

《西游记》与会计文化
（序）

  2016年我曾为杨良成先生的会计文化专著《财话"水浒"》作序。当初立信会计出版社嘱我为其作序时，我曾有过犹豫：一部讲述梁山一百单八好汉造反的故事，怎么就和会计文化联系起来了呢？作者从北宋经济的发展，推动了会计四柱清算法的建立，到梁山故事与经济社会的联系，很自然就将水浒故事与会计文化有机地结合起来了。先不管这种联系是否适当，至少这种联想思维是值得鼓励的。

  传统经典名著《西游记》，大多数人都是当做一部成年人的童话来看的，作者这次究竟是怎样又将其与会计文化联系起来的呢？这种联想思维是否值得提倡呢？带着好奇通读全书后，我有了一种全新的感受。

  《西游记》虽是一部成年人的童话，但也脱离不了讲述经济故事，读者可以透过取经故事，用另一种眼光去分析其内里的经济现象。

  例如，"采购付款有名堂"一文中，作者讲述的是玉华城外的黄狮精举办钉钯宴安排两个小妖进行采购的故事。它透过采购物质的表面，反映了两个采购人员进行的舞弊行为。它讲的是神仙妖怪之间的故事，其实影射的是现实社会。所以童话也是脱离不了现实社会的经济事项，只不过这些都隐藏在了童话的表象之下，现经作者抽丝剥茧地分析,如审计披露一般,将其童话里的经济真相——还原于我们眼前。

《西游记》讲述的西天取经故事,其实是一个不断学习的故事。我们常说的向谁"取经",就是向谁学习。小到个人,整个人生是一个不断学习的过程;大到国家,也是一个不断创新、砥砺前进的过程。经济越发展,会计越重要,并且会计在经济发展中不断得到完善。如书中"数字舞弊与大写"一章中,作者罗贯中讲述的是阎罗地府的舞弊故事,实际上可能讲的是当时的现实故事。现实社会中,明代随着社会经济的发展,已经出现了数字舞弊的现象,为了杜绝这一现象,会计必须与时俱进,才能适应形势,于是新的数字大写出现了。这就是会计适应时代进步的典型例证。

本书中的"折叠锅儿创新潮"是一个学习创新的典型故事。在明代的经济环境中,折叠锅儿确实是一个新鲜事物,这就像我们现在的会计所要面临的网络支付、微信支付等新生事物一样,我们如何适应并快速运用这一新生事物,来改善我们的生活,让我们的生活更加美好,让会计更好地反映经济社会的本质,这就需要我们不停地学习,不断地创新,并能快速适应创新,正确地运用创新成果。

本书的一个重要特点是在讲述《西游记》与会计文化的同时,与当前的经济社会联系起来,以起到警示作用。例如"江洲府中僧鞋账",讲的是唐僧为报父仇,于江洲寻到母亲后,其母要到寺院与唐僧相会,商议报仇事宜时,跟仇人刘洪商议办僧鞋之事。讲述的是经济故事,分析的是当下的不良经济现象,与当今社会"八项规定、六项禁令"紧密联系起来,起到的是针贬时弊的功效,宣传的是正能量。

最后说说会计文化。会计文化是一个冷门学科、边缘学科,如何让世人认识会计文化,在大多数会计人看来,无疑是千难万难的事情。而作者独辟蹊径,写就了《财话"西游"》,这既需要作者有过硬的财务、会计与审计的功底,同时又需要作者能从原著中选取与财务、会计或审计相关的细节来进行研究和演绎，还要能和现实社会联系起来，与现代会计文化联系起来。他的尝试无疑是比较成功的。

我们学习经典名著，就是学习其中的精华，宣传其中的正能量。树立文化自信，从传统名著中吸取营养，并运用到现实社会之中，不失为一种好的尝试。作者用一部《财话"西游"》，为这种尝试做了很好的解答。

这是一本将传统名著与会计文化相结合的一本奇书，在这里，我对作者的尝试表示敬佩，同时对这种另类的思维方式也表示肯定，但到底这种联想的效果如何，以及是否适当，我想，可以留给读者去评判。

是为序。

马靖昊

2018 年 1 月

自　序

2016年是农历猴年，春节时电视里热播《西游记》。四大名著中，我已经创作过《财话"水浒"》和《财话"三国"》两部作品。看到热播的电视剧，想起美猴王孙悟空，我顿时萌生了创作《财话"西游"》的冲动。

一部《西游记》，洋洋大观。仁者见仁，智者见智，不同的读者从不同的角度窥出不同的信息，得到不同的启示，如《西游记》中的道家元素、《西游记》中的禅宗元素、《西游记》中的戏曲元素、《西游记》中的文化自信、吴闲云先生的《煮酒探西游》，以及从大数据分析《西游记》等。医者看出医理，厨者看出厨艺。儒、释、道、医、易，诸子百家，各取所需。专攻会计文化学的我，则独辟蹊径，从财务会计与审计的角度去研读、分析《西游记》，形成了《西游记》中的财会元素系列。该系列每篇一个主题，前后没有必然的联系与因果关系，一两千字，适应了当前碎片化阅读的需要，既可以连起来，一口气读完，也适合闲散时，一篇一篇地品。文章陆续在中国会计视野论坛、会计家园网、中华财会网、《中国会计报》等网络媒体和报刊上进行连载，到结集出版时，共81篇，取九九八十一难之意，整理为三个部分。

《财话"西游"》共分三个部分。

第一部分为"西天东土皆因财"，共收录了29篇文章，每篇均从财务会计审计的角度,去讲一个话题,如"采购与付款"是企业的一个业务循环的关键环节。我从《西游记》中选取玉华城外的黄狮精得了钉钯,要开钉钯宴,安排古怪刁钻和刁钻古怪去采购宴会用品与付款的故事,对采购与付款这一业务流程中应注意的相关事项进行了描述,既有故事的趣味性,又可以从中了解到一定的财务会计业务知识,将会计与文化巧妙地结合起来,让人们在看《西游记》故事的过程中,潜移默化地接受枯燥无味的财会知识。这部分可以看成是一个业务上修行的集合。

第二部分为"修行须从修心来",共收录17篇文章。这部分主要是从财务会计的角度去讲职业道德与操守。实质上,职业道德与操守应该不分行业,每个行业都有自己的职业道德与操守,只不过行业特征有所不同,内里其实一致,如"索贿受贿皆为财""伸手被捉因贪欲""欲念之中无底洞"等都涉及职业道德与操守。所以说,从《西游记》看职业道德与操守,不仅仅是分析财务会计人的职业道德与操守,也是对社会所有从业人员职业道德与操守的分析,而对财务会计人分析则来得更直接,更形象,也更有说服力,因为财务会计人每时每刻接触的都是钱。这一部分可以看成是一个财务会计人修心的集合。

第三部分为"条条大路通灵台",共收录35篇文章。这一部分是从企业管理与创新的角度出发去分析阐述的。当下,管理会计被提上了重要的位置,同时大数据、云计算等网络革命带来的会计信息化革命也是一日千里,它们正在共同改变会计的核算方式,运营模式,如财务共享中心、资金池的建立,以及业财一体化等。管理与创新已经成为会计飞速发展的车之双轮,鸟之双翼。这部分中管理方面的文章如"轮岗与基层锻炼",说的是孙悟空被唐僧驱逐之后,化斋工作需要有人来做。谁来做?就涉及轮岗这一管理方式。从猪八戒轮岗化斋这一事件分析轮岗的必要性。最后,唐僧也找了一个自认为是最佳的时机去化斋,想下基层去锻炼一下,结果在盘丝洞被妖怪捉住,从这个故事分析基层锻炼的必要性。同时,学习创新是我们每个人的职责与使命,因为只有这样,社会才能进步。例如,"折叠锅儿创新潮",明朝时期的作者吴承恩,就知道了折叠锅,还将其写进了《西游记》。无独有偶,G20杭州峰会的主题为"构建创新、活力、联动、包容的世界经济",创新也是排在首位。可见创新之重要。我们财务会计人也要顺应创新潮流,要有"弄潮儿向涛头立,手把红旗旗不湿"的精神,争当创新的弄潮儿。这一部分也可以看成是一个财务会计人修心的集合。

有评论家认为,《西游记》是一部成年人的童话。也有人认为,《西游记》是一部饱醮血泪、充满喜笑怒骂的讽世刺世之作。作为一个财务会计人,如果从财务会计的角度去看,我认为它是一部成年会计人的童话,其中的喜笑怒骂与讽世刺世,可以作为我们进行职业道德修养的反面教材去学习借鉴。西天取经的过程,就是一个修行与修心的过程。我们财务会计人的职业一生,也是在修行与修心的过程之中。

文章最初在中国会计视野论坛连载时,均取名为"西游记中的财会元素"。文章连载后,多家网络媒体及会计微信公众号竞相转载,《中国会计报》也择其精华,进行了刊载,这些都为《财话"西游"》一书的出版,奠定了一定的读者基础。

清明时,祭奠恩师——原中南财大教授许家林先生的时候,我心想:不知天国有没有会计,许老师是否在天国还从事着会计事业。但我很快释然了。我在猴年重读经典,读的是《西游记》。《西游记》写了大量的天国之事,里面也有会计,我正在创作《西游记》中的财会元素这一系列作品,如果能够结集出版,就叫《财话"西游"》。这一作品应该可以告慰恩师——他是将我带入会计文化领域的引路人。

最后，我要感谢立信会计出版社和方士华副编审。当下电子阅读日新月异，纸质书籍日渐式微；财务会计类书籍中，重理论与实务，文化趣味类读物市场前景并不明朗。但立信会计出版社的人文会计情怀和传播会计文化的责任感与使命感，让他们义无反顾地选择出版会计文化探索丛书，并已经出版了《财话"水浒"》一书。现在，《财话"西游"》也可以正式付梓出版，得见天颜，顺利地与读者见面了。这无疑体现了立信出版人的勇气与担当，我相信读者朋友们绝不会让他们失望。

是为序。

杨良成

2018年1月

目 录

第一篇　西天东土皆为财 ·· 1
一、营销真经下凡尘 ··· 3
二、采购付款有名堂 ··· 7
三、生灵万物皆资产 ·· 10
四、会议费用包万象 ·· 13
五、真经二次大移交 ·· 16
六、绿水青山金银山 ·· 19
七、分类处理三牛怪 ·· 22
八、明细各异分类账 ·· 25
九、抵押典当做文章 ·· 28
十、江州府中僧鞋账 ·· 31
十一、会计估计与变更 ·· 34
十二、金平府中灯油账 ·· 37
十三、请缘簿中看化缘 ·· 40
十四、驼罗庄里下定钱 ·· 43
十五、赵寡妇的买卖账 ·· 46
十六、孙悟空的贩马账 ·· 49
十七、管账先生孙悟空 ·· 52
十八、沙僧的实证会计 ·· 55
十九、物价水平看玉华 ·· 57
二十、放贷经营有风险 ·· 60

二十一、负债事项须谨记 …………………………………… 63
　二十二、关联与关联交易 …………………………………… 66
　二十三、非货币资产交换 …………………………………… 69
　二十四、会计信息有要求 …………………………………… 72
　二十五、渔樵互夸看可比 …………………………………… 75
　二十六、唐僧受难轻谨慎 …………………………………… 78
　二十七、救苦救难须及时 …………………………………… 81
　二十八、相关可靠最重要 …………………………………… 84
　二十九、猴年马月与分期 …………………………………… 87

第二篇　修行须从修心来 ……………………………… 91

　一、索贿受贿皆因财 ………………………………………… 93
　二、资产保护与保密 ………………………………………… 95
　三、财务粉饰与作假 ………………………………………… 97
　四、财务他律与自律 ………………………………………… 99
　五、财会法律不可违 ………………………………………… 102
　六、小雷音寺之假账 ………………………………………… 105
　七、真脱钩，实改制 ………………………………………… 108
　八、两个不同的圈子 ………………………………………… 111
　九、公共资源成私产 ………………………………………… 114
　十、芭蕉扇火敛难财 ………………………………………… 117
　十一、剖腹验心廉自律 ……………………………………… 120
　十二、欲念之中无底洞 ……………………………………… 123
　十三、财色难动取经心 ……………………………………… 126
　十四、伸手被捉因贪欲 ……………………………………… 129
　十五、数字舞弊与大写 ……………………………………… 132
　十六、分瓣梅花与造假 ……………………………………… 135

十七、凡尘苦海红顶乐……………………………… 138

第三篇　条条大路通灵台……………………………… 141

一、天庭考勤疏管理……………………………… 143
二、悟空天庭来任职……………………………… 146
三、精简齐天大圣府……………………………… 150
四、神仙多了民必穷……………………………… 153
五、唐僧也须受管理……………………………… 156
六、悟空天庭打官司……………………………… 159
七、沙僧实走取经路……………………………… 162
八、论功行赏取经人……………………………… 165
九、反用绩效散群妖……………………………… 168
十、人才选拔有奇效……………………………… 171
十一、唐僧一逐孙悟空…………………………… 174
十二、唐僧二逐孙悟空…………………………… 177
十三、唐僧三逐孙悟空…………………………… 180
十四、轮岗与基层锻炼…………………………… 183
十五、取经团队的选拔…………………………… 186
十六、取经之宏观战略…………………………… 188
十七、集思广益谋发展…………………………… 191
十八、勇于担当应赞赏…………………………… 194
十九、容错机制的运用…………………………… 197
二十、通向西天的坦途…………………………… 200
二十一、意马收缰终成龙………………………… 203
二十二、车迟草仙的悲哀………………………… 207
二十三、最难战胜是自我………………………… 210
二十四、千经万典只修心………………………… 213

二十五、规律之灵活运用 …………………………………… 216
二十六、菩提传艺未传道 …………………………………… 219
二十七、专业经验弥足贵 …………………………………… 222
二十八、孙悟空的大境界 …………………………………… 225
二十九、唐僧的经验教训 …………………………………… 228
三十、折叠锅儿创新潮 ……………………………………… 231
三十一、专业人做专业事 …………………………………… 234
三十二、八戒的专业经验 …………………………………… 237
三十三、八戒的经济头脑 …………………………………… 240
三十四、心猿意马踏实地 …………………………………… 243
三十五、取经功成评绩效 …………………………………… 246

第一篇
西天东土皆为财

一、营销真经下凡尘

唐僧师徒西天取经,其实是在落实一个真经的买与卖。买卖双方的标的物,就是所谓的真经。我们来详细分析如来佛祖是怎样营销真经的。

其一,创造需求。生存之外,所谓的需求,不是真正的需求,而是被创造的需求,消费者自以为的需求。比如奢侈品,比如乔布斯的苹果手机,这些高端的销售不是迎合大众,而是创造和激发大众的需求。

大乘教法的需求在被创造之前,东土大众从不认为自己有对大乘教法的需求,好比是苹果手机的功能创造出来之前,大众认为诺基亚已经达到了手机的巅峰。而大乘教法需求的创造,其实源自一个梦——一个唐太宗的噩梦。

噩梦具体内容参见原著,我所要说的是,唐太宗的噩梦到底是源自主观偶然,还是被刻意创造的?从一些端倪分析,最大可能也许是,他的噩梦是被如来佛祖精心设计的,佛祖认为南赡部洲,贪淫乐祸,多杀多争,正所谓口舌凶场,是非恶海。所以唐太宗的需求:解百冤之结,就是在这种大环境下被创造出来的。

这是销售启动的源头,完成销售之后,唐太宗的需求是否得到满足倒在其次了。从这点分析,佛祖传经销售做得漂亮,售后服务及效果验证却语焉不详(真经取到后,采购科长唐僧带领采购部门一行,屁股一拍,就回西天了),唐太宗购买大乘真经之后的应用不清楚(百冤之结是否得解? 噩梦是否不在?),到底是会给佛祖点赞还是差评?

其二,市场推广。所谓酒香也怕巷子深,大乘真经再好,还得有三个要素。

1. 形象代言人。当佛祖问手下众菩萨道:"谁肯去走一遭来"时,当有观音菩萨,行近莲台,礼佛三匝道:"弟子不才,愿上东土寻一个取经人来也。"如来见了,心中大喜道:"别个是也去不得,须是观音尊者,神通广大,方可去得。"看来众菩萨中,没有比观音菩萨更接地气、更有大众缘的形象代言人了,所以连如来佛祖也对观音菩萨作为代言人表示非常满意,不然不会心中大喜。这样,观音菩萨为了营销真经便下了凡尘。

2. **文案策划**。观音对大乘教法三藏,确立了"能超亡者升天,能度难人脱苦,能修无量寿身,能作无来无去,能解百冤之结,能消无妄之灾"的文案策划语,简直就是佛经里的战斗机,想不取经都难;而且是先抑后扬,先抑的是小乘教法,"你这小乘教法,度不得亡者超升,只可浑俗和光而已",后扬的是大乘教法,也就是说,进行了比较策划,不由得你不心动,然后采取行动。

3. **市场推广**。首先是高价诱人,观音菩萨与木叉在凡尘大街上货卖袈裟与锡杖,"袈裟价值五千两,锡杖价值二千两"。其次是欲擒故纵,既是有德行的高僧,情愿送他,绝不要钱。这就更能吊起人的胃口了。再次是出招最狠,"踢馆"!观音菩萨亲到法事现场大声叫卖,公开踢馆,推广方式虽然有些简单粗暴,但引起了轰动效应。最后现出真身,遂踏祥云,直至九霄,现出救苦原身,托了净瓶杨柳。经此四策,真经的市场推广可谓精妙绝伦,收到了无以复加的效果:喜的个唐太宗,忘了江山;爱的那文武官,失却朝礼。唐王朝天礼拜,众文武跪地焚香。那寺中僧尼道俗,士人工贾,无一人不拜祷。按现在的话说,就是网红,甚至超过了网红。

其三,饥饿营销。其实真经送到,哪有这么麻烦,还需要折腾14年之久?佛祖弹指一挥,真经送达速度比顺丰快递还要及时。只是从人性上分析,没经过等待和忍耐的得到,是不会懂得珍惜的;从销售策略上分析,让市场处于饥渴和匮乏状态,商品的价格会得到高估。

佛祖深谙此道,欲售故难81个回合,让大乘教法真经的价格得到了81次升值。经过了这么久的饥渴,取经者或用户大众,早已对真经(如网购商品)附加了太多的寄托和感情,即使得到的是一部无字白纸,也会奉为天书。

怎样饥饿销售、欲售故难？越到最后关头,越可以看出。唐僧师徒先取的是无字真经。也就是没有付款,怎能买回真经。如来手下的两个尊者如果不得如来的旨意,怎敢如此胆大妄为？所以孙悟空去问道理时,佛祖笑道:"你且休嚷。他两个问你要人事之情,我已知矣。但只是经不可轻传,亦不可以空取。向时众比丘僧下山,曾将此经在舍卫国赵长者家与他诵了一遍,保他家生者安全,亡者超脱,只讨得他三斗三升米粒黄金回来。我还说他们忒卖贱了,教后代儿孙没钱使用。你如今空手来取,是以传了白本。白本者,乃无字真经,倒也是好的。因你那东土众生,愚迷不悟,只可以此传之耳。"说白了:不拿钱来,买不到真经。你这东土的一班蠢和尚,怎么这样愚迷不悟！

万般无奈,唐僧无物奉承,只好命沙僧取出紫金钵盂,双手奉上道:"弟子委是穷寒路遥,不曾备得人事。这钵盂乃是唐王亲手所赐,教弟子持此,沿路化斋。今特奉上。聊表寸心。"这都不说,唐僧送上了紫金钵盂,相当于给了买真经的钱,还要陪小心,说钱太少了,只是聊表寸心。接着又说:"万望尊者不鄙轻亵将此收下,待回朝奏上唐王,定有厚谢。只是以有字真经赐下,庶不孤钦差之意,远涉之劳也。"意思明白不过,这回买真经带的钱少了,连吃饭的家伙什儿都送上了,再无金银财宝可送,回去后加补,以后还有重谢！这就是典型的饥饿销售,欲售故难！

佛祖看戏也做足了,这才罢手,售了真经,终于达到了营销真经的目的。这是表面文章,隐藏在表面文章后面的,是金钱的关系。在创造需求、市场推广与饥饿销售的背后,是一系列的销售费用:比如前期市场调研费、市场开发费用、营销费用等,其中包含送给唐僧的袈裟、锡杖,观音菩萨下凡尘的出场费,销售人员的工资等,孙悟空一行沿途降的神仙,都是有出场费的,最贵的一次是太上老君的青牛精出场,佛祖让十八尊罗汉取十八粒"金丹砂"助功,全被太上老君的金刚琢收走了。这些费用算起来,应该是个天文数字。

但为了开拓市场,前期的营销是必须的。和360杀毒软件一道出世的,还有其他杀毒软件,都收费,只有360不收费。后来其他的都退出了市场,只有免费的 360 占领了市场。有了流量,有了关注度,有了客户,就有了市场,自然就形成了收入。如来佛祖真经的营销,走的也是这一条路。

  从此东土就成了真经的成熟市场,在唐王的大力宣传下,类似于舍卫国之类的赵长者,肯定会有东土的钱长者、孙长者、李长者之类的请众比丘僧下山诵经,这时候是否只收三斗三升米粒黄金,还是忒卖贱了,我们就不得而知了。

二、采购付款有名堂

《西游记》虽然写的是西天取经,好似与企业的采购与付款没有丝毫关系,但书中第八十九回"黄狮精虚设钉钯宴,金木土计闹豹头山"中,却绘声绘色地将采购与付款之故事展现于读者面前,让会计们不禁拍案叫绝,叹为观止。

话说孙悟空因在玉华城丢失了兵器,到豹头山寻找之时,看到两个巡山的妖怪,一个是古怪刁钻,另一个是刁钻古怪,正在那里言语,孙悟空前去偷听。一个道:"我们也有些侥幸:拿这二十两银子买猪羊去。如今到了乾方集上,先吃几壶酒儿。把东西开个花账儿,落他二三两银子,买件棉衣过寒,却不是好?"

这段话中有多层意思。黄狮精得了宝贝钉钯等,要开一个钉钯宴,安排两个小妖去采购生活用品,如猪羊之类。采购费用是多少钱呢?二十两银子。这是上面安排的。到了经办人手上,又多了几层意思。一是采购人员借机吃喝,不听那小妖说先吃几壶酒儿。二是采购人员准备贪污银子,落他个二三两银子,买件棉衣过寒。三是采购回去后,还要入库经过审核,怎么应付这一关呢?那小妖已经有了准备:把东西开个花账儿!

书中后面一段更是将采购与付款进行到了极致,连应付账款都出来了。话说孙悟空与猪八戒、沙和尚变化之后,赶着一群猪羊到了妖洞门口,众妖们捉猪的捉猪,捉羊的捉羊,一齐捆倒。早惊动里面妖王,领十数个小妖,出来问道:"你两个来了?买了多少猪羊?"行者道:"买了八口猪,七腔羊,共十五个牲口。猪该一十六两,羊该九两。前者领银二十两,仍欠五两。这个就是客人,跟来找银子的。"妖王听说,即唤:"小的们,取五两银子,打发他去。"

这段话中也有多层意思。一是妖王盘问采购情况,对之进行审计。二是孙悟空对整个采购情况进行了汇报。采购的物品是多少,哪样花了多少银子,总共是多少银子,前面已经预支了多少银子,还欠多少银子,这个账清清楚楚。三是采购的物品一目了然,猪有多少,羊有多少,现存的,可以盘点,这个是做不来假的。四是还有应付账款,欠客人的五两银子,客人还跟着来了,是来讨还应付账款的。五是妖王吩咐出纳,支付现金给客人,偿还应付账款,即唤"小的们,取五两银子,打发他去。"

材料采购是制造业企业供应过程的主要经济业务。为了保证生产的正常进行,企业需要购进生产产品所需的各种原材料、辅助材料及包装物等,形成企业的原材料存货等。企业为此还专门设置了采购部门,配备了采购人员。这就如书中所写的古怪刁钻和刁钻古怪一样。企业购进材料时,一方面要与供应单位办理款项的结算,支付采购材料的货款和运输费、装卸费等采购费用;另一方面对运达企业的材料应由仓库验收并保管,以备生产车间或管理部门领用。书中写孙悟空一行将猪羊买回来后,众妖们捉猪的捉猪,捉羊的捉羊,便是在进行验收入库与清点了,由沙和尚装扮的客人,来找尚欠的五两银子的客人,就是供应单位,款项的结算就要与他办理,所以妖王把账算清后,吩咐管现金支出的小妖,取五两银子,打发他走。这是一个经典的采购与付款业务的全过程。

我们假设一下,如果孙悟空和猪八戒、沙和尚一行,所采购的猪羊还在路上,还没有赶到妖洞时,妖王已经付了二十两银子,那尚在路上的猪羊便是"在途物资",妖王先支付的二十两银子便是"预付账款"。猪羊采购回妖洞,负责保管验收的小妖验收入库后,猪羊便成了"原材料",还欠客人的五两银子尚未支付时,便是"应付账款"。这一业务过程基本上将采购业务所需要涉及的核算账户都涉及了。

最让人叫绝的是作者还写到了采购与付款业务中的舞弊。古怪刁钻也好,刁钻古怪也罢,反正两个采购人员素质有问题,心思不纯——就这样的一个小业务,他们先是要吃几壶酒儿,形成采购费用;然后还要落他个二三两银子，采购的总额度或是总费用只二十两，就要落个二三两，按比例来算，高达 10%～15%，这也太黑心了！看来他们两个采购人员已经不是一次两次贪污采购资金，进行采购舞弊了，就连开个花账的招数都是早就想好的，也就是早就有了对付审计的策略。

现实生活中材料采购名堂多，在此只不过借用了神、魔、妖、怪、人，让它们在争斗的过程中互施心术、权术，从而让人浮想尘世。从这点上看，《西游记》不仅仅是一部成年人的童话，早在明朝时，就已经成为了一部成年会计人的童话。

三、生灵万物皆资产

生物资产讲的就是生灵万物。会计准则将生物资产划分为消耗性生物资产、生产性生物资产和公益性生物资产。这些生物资产均在《西游记》中得到了体现,让我们来一一分析。

(一)消耗性生物资产

会计准则里面,是这样定义消耗性生物资产的:为出售而持有的、或在将来收获为农产品的生物资产,包括生长中的大田作物、蔬菜、用材林以及存栏待售的牲畜等。

《西游记》中,王母娘娘有一个蟠桃园,蟠桃园中的蟠桃,共有三千六百株,前面一千二百株,花微果小,三千年一熟,人吃了成仙了道,体健身轻。中间一千二百株,层花甘实,六千年一熟,人吃了霞举飞升,长生不老。后面一千二百株,紫纹细核,九千年一熟,人吃了与天地齐寿,日月同庚。可见,王母娘娘的蟠桃是很稀罕的,但不管如何稀罕,这些桃子可不是为出售而持有的,按生物资产的分类,这些桃子应该是在将来收获为农产品的生物资产,它应该属于生长于大田的果树,所以当为消耗性生物资产。

还有比王母娘娘的蟠桃更金贵的。《西游记》第二十四回"万寿山大仙留故友,五庄观行者窃人生"中,西牛贺洲万寿山五庄观中,有一颗人生果树,唤名"草还丹",又名"人生果"。三千年一开花,三千年一结果,再三千年才得熟,短头一万年方得吃。虽然这千年人生果难得,但也是消耗品,只不过属于消耗品中的奢侈品而已。当然也应该划入消耗性生物资产之列。

说了金贵的、稀罕的,再说一下普通的。《西游记》第七回"八卦炉中逃大圣,五行山下定心猿"中,如来佛祖降了孙悟空,将他压在五行山下后,玉帝请客,办了个"安天大会",吃的喝的是什么呢,书中的原文是"安排龙肝凤髓,玉液蟠桃"。这龙肝凤髓,肯定得从龙凤身上来,都是吃的,消耗的。毫无疑问,这龙凤都是消耗性的生物资产了。

(二)生产性生物资产

生产性生物资产是指为产出农产品、提供劳务或出租等目的而持有的生物资产,包括经济林、薪炭林、产畜和役畜等。这是会计准则里面对生产性生物资产的定义。

《西游记》中,弼马温是孙悟空在天庭当的一个管马的小官之名。他这个弼马温所管的马,可不是吃的,消耗的,而是力畜、役畜之类,是为提供劳务而持有的,自然应该划入生产性的生物资产之列。

为唐僧取经立下汗马功劳的白龙马,就是典型的生物资产。唐僧持有白龙马的目的,就是让它提供劳务,充当力畜或役畜,自然白龙马应划归为生产性生物资产。

(三)公益性生物资产

公益性生物资产是指以防护、环境保护为主要目的的生物资产,包括防风固沙林、水土保持林和水源涵养林等。这是会计准则关于公益性生物资产的定义。这个定义也包括了公益性生物资产的范围。

从生物资产的分类及各个分类的范围来看,有些生物资产不好划分到哪一类中,比如我们的国宝大熊猫,它既不是消耗性的,也不是生产性的,能不能将它划分到公益性之列呢?从定义和范围上看,好像也不在此之列。但笔者认为,还是应该将其划分到公益性的生物资产之列。大熊猫是一种古老的动物,被动物学家们称为"活化石",与它同一时代的动物如剑齿虎等,早已灭绝并成化石。人类持有和保护它的目的,是为了更好地研究远古时期的动物是如何生存到现代的,同时也是为了保护这一濒危物种。它的存在,对整个人类来说,都是有意义的,应该将其列入公益性生物资产之列。

通天河中的老鼋,不能算是生产性生物资产,它既不是力畜,也不是役畜,它不属于哪个所有者所有,它只属于它自己;同时它渡唐僧过通天河,完全是自愿的,是做的公益事业,虽然带有一点点的私心,想让唐僧代它在佛祖那里询问,它还有多少年寿。

那么能不能将它划归到消耗性生物资产中呢?显然是不合适的,它可不是存栏待售的牲畜,不是给人吃的。

所以如果要分类的话,按照排他法,排除了消耗性和生产性这两个分类外,这只老鼋,就只能划归到公益性生物资产类中了。

四、会议费用包万象

《西游记》中天庭有两次重要的大会。这两次大会都涉及会议费。让我们详细分析两次大会中的会议费。

第一次是王母娘娘的蟠桃宴。书中写道：

> 大圣闻言，回嗔作喜道："仙娥请起。王母开阁设宴，请的是谁？"仙女道："上会自有旧规。请的是西天佛老、菩萨、圣僧、罗汉，南方南极观音，东方崇恩圣帝、十洲三岛仙翁，北方北极玄灵，中央黄极黄角大仙，这个是五方五老。还有五斗星君，上八洞三清、四帝、太乙天仙等众，中八洞玉皇、九垒、海岳神仙；下八洞幽冥教主、注世地仙。各宫各殿大小尊神，俱一齐赴蟠桃嘉会。"

从此段文字中看出，一是请的人众多，典型的大操大办，二是上会旧规，也就是说，这不是第一次，已经有了不知多少次了，不然不会成为旧规。

如此规模的盛会，吃的喝的都是些什么呢？我们再来看看。书中写道：桌上有龙肝和凤髓，熊掌和猩唇。珍馐百味般般美，异果嘉肴色色新。还有玉液琼浆，香醪佳酿。可见其铺张浪费。这个蟠桃嘉会实质上就是一个纪念性质的会，完全没有实质性的工作，是一个典型的务虚会。

再看庆功宴。西天如来佛祖捉住孙悟空后，玉帝请诸仙做一会筵奉谢。请的又是些什么人？玉帝传旨，即着雷部众神，分头请三清、四御、五老、六司、七元、八极、九曜、十都、千真万圣，来此赴会，同谢佛恩。又命四大天师、九天仙女，大开玉京金阙、太玄宝宫、洞阳玉馆，请如来高座七宝灵台，调设各班座位，安排龙肝凤髓，玉液蟠桃。名为"安天大会"。

这个庆功宴，没有上会旧规，是个临时性的庆祝会。临时会议都要这样浩大，只说明了两个问题：一是如来佛祖功劳大，面子大；二是玉帝的势力大，排场大。除此，还能说明什么问题呢？

且不说这两次大会，吃的都是龙肝、凤髓、熊掌、猩唇，让龙凤和熊猩之类遭受浩劫，如果当时能够养殖，算是消耗性生物资产，也便罢了。但这两次大会，全是没有带来一星半点收益的大会，也没有安排半件实质性的工作，从财务的角度分析，完全是没有必要的铺张浪费。

上行下效，天庭有会议，下界也有，不光人间有，妖怪之中也有。第十七回"孙行者大闹黑风山，观世音收伏熊罴怪"中，黑风山黑风洞的黑熊精得了唐僧的袈裟后，黑熊精对另外两个妖魔说："后日是我母难之日，二公可光顾光顾。"白衣秀士道："年年与大王上寿，今年岂有不来之理？"黑熊精又道："我夜来得了一件宝贝，名唤锦襕佛衣，诚然是件玩好之物。我明日就以他为寿，大开筵宴，邀请各山道官，庆贺佛衣，就称为'佛衣会'如何？"道人笑道："妙！妙！妙！我明日先来拜寿，后日再来赴宴。"

从这段对话中可以看出，黑熊精每年生日都举办了宴会，不见白衣秀士说年年与大王上寿？那道人更是说明日先来庆贺生日，后天再来赴佛衣会，也就是黑熊精的这个会要连办两日了。规模如何呢？黑熊精自己说，要大开筵宴，邀请各山道官，庆贺佛衣，开个佛衣会。这个佛衣会自然和天庭的蟠桃会、安天会一样，没有什么实质性的工作安排，是一个纪念会加庆祝会。

第八十九回"黄狮精虚设钉钯宴，金木土计闹豹头山"中写道，豹头山虎口洞的黄狮精得了猪八戒与孙悟空、沙和尚的武器之后，要开钉钯会，还写了请帖派专人去请。其中给老大王的请帖是这样写的"明辰敬治肴酌庆'钉钯嘉会'，屈尊过山一叙。幸勿外，至感！右启祖翁九灵圣老大人尊前。门下孙黄狮顿首百拜"。要请客，当然要准备食材，这黄狮精安排刁钻古怪和古怪刁钻去采买猪羊好待客。这个会，有实质性的工作吗？也没有，也是一个庆祝会。

现实生活中，我们也有包罗万象的会议，自然也有会议费用。但其中许多会议可以精简,中央的八项规定中有明文规定,其中第二条规定:要精简会议活动,切实改进会风,严格控制以中央名义召开的各类全国性会议和举行的重大活动,不开泛泛部署工作和提要求的会,未经中央批准一律不出席各类剪彩、奠基活动和庆祝会、纪念会、表彰会、博览会、研讨会及各类论坛;提高会议实效,开短会、讲短话,力戒空话、套话。

　　八项规定实施之后,各类会议精简了许多,收到了明显的成效。这从财务的各项数据中可以得出明确的结论。我们完全有理由相信,诸如蟠桃会、安天会、佛衣会、钉钯会之类包罗万象的会议,一定会越来越少,并最终绝迹。

五、真经二次大移交

《西游记》写的是唐僧师徒前往西天取经的故事,故事的结局是取得真经。如来佛祖将真经交给唐僧师徒之时,就是一个无形资产移交的过程,但这个无形资产(知识产权)的移交过程颇费周折。

话说唐僧师徒历经千难万险到达西天,求取真经,如来佛祖介绍西天真经共三藏:有《法》一藏,谈天;有《论》一藏,说地;有《经》一藏,度鬼。共计三十五部,该一万五千一百四十四卷。真是修真之径,正善之门。凡天下四大部洲之天文、地理、人物、鸟兽、花木、器用、人事,无般不载。介绍完后,让阿傩、伽叶二尊者在那三藏经中,三十五部之内,各检几卷与唐僧师徒,教他传流东土,永注洪恩。

这是取经的第一次移交。书中写那经柜上,宝篋外,都贴上红签,楷书着经卷名目。乃是:

  《涅槃经》一部……七百四十八卷

  《菩萨经》一部……一千二十一卷

  《虚空藏经》一部……四百卷

  《首楞严经》一部……一百一十卷

  《恩意经大集》一部……五十卷

  ……

这相当于经卷的明细账,这些经卷都是西天的无形资产,如今要移交一部分给唐僧师徒。阿傩和伽叶向唐僧师徒索要人事,悟空嚷叫要到如来佛祖处去告状时,二尊者要他们莫嚷,过来接经时,师徒一行,一卷卷收在包里,驮在马上,又捆了两担,八戒与沙僧挑着,谢了如来,一直出门。

这里移交人是阿傩、伽叶二尊者,接交人是唐僧师徒四人。移交人心中甚明，传的是无字真经，还自笑云："东土众僧愚迷，不识无字之经，却不枉费了圣僧这场跋涉？"这里移交人至少有以下问题：

（1）未准备移交清册，不是按清册一一清点。

（2）以假充真或以次充真。

（3）移交完后未办理签字确认手续。

接交人也有问题，唐僧师徒一行四人，竟然没有人翻开真经来看上一眼。严格说来，最具权威的接交人应该是唐僧自己，只有他才看得懂真经，但他却只看了经名，并未看经卷里面的内容。说明接交人在资产的接交过程中不认真，不仔细。

这个移交接交的过程，没有监交人，也是整个移交过程中的一大弊端。这一大弊端直接导致了移交人阿傩、伽叶向接交人唐僧师徒明目张胆地讨要人事。

等到一阵大风吹落经卷后，沙僧接了抱着的散经，打开看时，原来雪白，并无半点字迹。八戒与行者打开的也是无字时，唐僧叫："通打开来看看。"卷卷俱是白纸。唐僧师徒方才恍然大悟，原来是阿傩、伽叶索要人事，没有时，将白纸本子与他们了，孙悟空就要到如来之前，问他捎财作弊之罪。说到底，移交人二尊者有问题，接交者唐僧师徒也有问题。当然如来佛祖更有问题了。没有对资产移交引起足够重视，没有实施资产移交时的相应内控制度，没有安排现场监交人不说，相反在明知二尊者索贿索要人事时，还为他们开脱，有法不依，执法不严。

第二次移交时，移交人还是二尊者，接交人仍然是唐僧师徒。如来佛祖明知移交人前面犯过错误，还继续让他们在原岗位工作，不采取控制措施，不进行惩戒与调整，导致了二尊者违纪时的变本加厉。接交人唐僧将唐王所赐的紫金钵盂送给移交人二尊者后，他们方进阁检经，将有字真经一一查与三藏。唐僧此时接受了第一次移交失误的教训，叫道："徒弟们，你们都好生看看，莫似前番。"他三人接一卷，看一卷，却都是有字的。为什么此次看得仔细？第一次因为他们没有付出人事，以为是白得的，当然不重视，所以二尊者传了无字的白板。现在付出了人事，不是白得的，须得重视了，认真了。总共传了五千零四十八卷，乃一藏之数。收拾齐整,驮在马上,剩下的,还装了一担,八戒挑着。

这一次移交,虽然移交者认真,接交者也认真,但依然没有移交清册,所以移交时,随意性很大,二尊者可以在总经里面随意挑拣,都是符合要求的,同时也没有现场监交人。所以二尊者还是胆大妄为索要人事,并最终将唐王赐给唐僧一路化缘用的紫金体盂送给他们后才开始移交。移交完后,还要向如来汇报,二尊者和唐僧师徒一起来见如来,如来问传了多少经卷,可一一报数时,二尊者开报:

《涅槃经》……四百卷

《菩萨经》……三百六十卷

《虚空藏经》……二十卷

《首楞严经》……三十卷

《恩意经大集》……四十卷

至此,第二次移交才算圆满结束,唐僧师徒也才真正取到真经。资产移交是一项极其严肃的工作,涉及财务责任的划分与界定、移交资产的安全与保管等一系列的原则与制度,是企事业单位必须高度重视的一项工作。读完《西游记》一书中这一颇费周折的资产移交过程,掩卷长思,让人回味无穷。

六、绿水青山金银山

书中有一回写凤仙郡冒天止雨。说的是凤仙郡的郡守冒犯了玉帝,玉帝立了三事,要达到这三件事,才给凤仙郡降雨。也就是说,凤仙郡3年没有下雨。这就涉及环境会计的问题。试想如果3年风调雨顺,该会给凤仙郡带来多大的经济效益;而3年未下雨,则给凤仙郡带来了多大的灾难与经济损失。

《西游记》一书中涉及环境会计的,还有很多。乌鸡国的假国王、刚开始的国师,就是在天旱时,求雨得到国王的信任并最终篡位的;车迟国的三位国师,得到国王的信任,也是在天旱时,求雨成功而上位的;还有火焰山等。

凤仙郡冒天止雨,其中的这个天,是玉帝;冒天,就是冒犯了玉帝;冒天止雨,就是冒犯了玉帝之后,天上不下雨了。用现在的话说,天,就是自然环境,自然规律;冒天,就是我们人类违背了自然规律,破坏了自然环境;冒天止雨,就是上天在惩罚我们,导致水土流失,沙漠化加剧,环境破坏后,厄尔尼诺现象一年胜似一年,全球气温升高,冰川融化,陆地面积减少等。这些都是我们不重视环境所带来的恶果。这就涉及环境会计。那么环境会计究竟是怎样的呢?

第一,环境会计是以环境资产、环境费用、环境效益等会计要素为核算内容的一门专业会计。环境会计核算各会计要素,都采用一定的方法折算为货币进行计量。但环境会计货币计量单位的货币含义不完全是建立在劳动价值理论基础上的。按照劳动价值理论,只有交换的商品,其价值才能以社会必要劳动时间来衡量。对于非交换、非人类劳动的物品,是不计量的,会计不需对其进行核算。然而这些非交换、非人类劳动的物品有相当部分是环境会计的核算内容,因此环境会计必须建立能够计量非交换、非劳动物品的价值理论。

第二,环境会计核算内容主要有以下特性:经济业务的不确定性;环境经济业务具有的综合性和长期性。

第三,环境作为一种有价值的资源,它能够为整个人类社会的现在和将来提供多种多样的服务,这些服务的本身具有直接或间接的经济价值,环境会计的任务就是计量与反映这些经济价值。

《西游记》一书中对这种价值进行了记录与反映。如唐僧师徒路过火焰山,孙悟空为什么要彻底熄灭火焰山的火呢?这里面还是有原因的。环境的破坏因他而起,当然改善与恢复环境是他义不容辞的责任,应该由他来负责。如果不是他踢翻太上老君的炼丹炉,就没有下界的火焰山。他破坏了环境,最后由他来改造环境,恢复环境,理所当然。改造前的火焰山,环境恶劣,没有价值,或者有价值也是负数;而改造后火焰山,便有了价值,而且是综合的、长期性的价值。

我国在经济发展的过程中,有些地方也曾经如孙悟空踢翻太上老君的炼丹炉一样,也曾经如凤仙郡冒天一样,高能耗、高污染、高排放等导致了雾霾、洪涝灾害、泥石流、干旱,得到了自然界的惩罚,形成了火焰山,或者是3年不下雨等类似的恶果,导致我们很难看到一片纯净蓝天。

2016年的暴雨导致的内涝,让许多地方看到了围湖造田、围湖造城所带来的危害,甚至可以在城里看海,在马路上捞鱼。2017年,中央严厉处罚甘肃省的部分省级官员,他们需对祁连山的生态遭到严重破坏承担责任。只顾眼前的短期利益,违背自然规律,结果给环境带来了严重的恶果。这些经济损失,远远超过了当时所获得的短期利益。

现在我们已经意识到了环境会计的重要性,开始重视环境会计,并对环境污染进行治理,对所造成的危害进行恢复,一如孙悟空彻底熄灭火焰山的火一样,也如凤仙郡的郡守与百姓尊重上天一样,尊重自然规律,保护自然环境,开展全民植树,扩大环境容量与生态空间,加强生态环境保护合作,启动大气污染防治协作机制,完善防护林建设、水资源保护、水环境治理、清洁能源使用等。

亡羊补牢,未为晚矣。2016年的洪涝灾害过后,不少地方进行了反思,吸取了教训,正在采取退田还湖等措施,以恢复和保护湖泊及湿地等生态环境。这需要一个长期的过程,体现的是综合效益。

2015年开始提倡的五大发展理念——创新、协调、绿色、开放、共享中,就有绿色理念。实际上这就是环保理念,说明我们不仅已经深刻认识到绿色环境的重要性,并且将之上升到了发展理念。这也充分说明了环境的长期与综合价值。例如海绵城市,就是这种发展理念中的一个典型例子。

G20杭州峰会期间,化解全球气候变暖危机的《巴黎协定》得到中、美这两个全球最大温室气体排放国的核准,充分说明了两个大国对环境的重视,也是环境会计中的一个大手笔。2016年11月4日,《巴黎协定》得以生效,更是环境会计为全人类创造的一笔巨大的财富。

2016年,习总书记说:今后5年,中国单位国内生产总值用水量、能耗、二氧化碳排放量将分别下降23%、15%、18%。我们将建设天蓝、地绿、水清的美丽中国,让老百姓在宜居的环境中享受生活,切实感受到经济发展带来的生态效益。这是环境会计的5年预算目标。

习总书记说:绿水青山,就是金山银山。这是对环境会计最好的注解。

七、分类处理三牛怪

《西游记》一书中,写妖怪很多,其中写牛怪的就有三处:一是太上老君的青牛精下界为妖;二是孙悟空的结拜兄弟牛魔王及其家族作怪;三是犀牛精作怪。对这三种同是牛怪的作乱本书进行了分类处理。这与会计上的做法有点类似,例如同是应收款项,就分成了应收账款与其他应收款两大科目,针对不同的情况,分门别类进行处理。

先看青牛精,因他是太上老君的坐骑,对这一妖的处理是:老君念个咒语,将扇子搧了一下,那怪将圈子丢来,被老君一把接住;又一搧,那怪物力软筋麻,现了本相,原来是一只青牛。老君将"金刚琢"吹口仙气,穿了那怪的鼻子,解下袍带,系于琢上,牵在手中。至今留下个拴牛鼻的拘儿,又名"宾郎",职此谓之。老君辞了众神,跨上青牛背,驾彩云,径归兜率院;缚妖怪,高升离恨天。

青牛精此番作怪,害苦了唐僧师徒,孙悟空用了千般计策,请了无数救兵,水火无功,后来还是如来佛祖暗示,孙悟空才找到了妖怪的主人,竟然是太上老君!如来佛祖还怕得罪了老君,不明说,只暗示!孙悟空心中也有怨言,他质问老君说:"似你这老官,纵放怪物,抢夺伤人,该当何罪?"太上老君却是"王顾左右而言他",说那个什么琢子厉害!处罚青牛怪时,也是在高峰上叫道:"那牛儿还不归家,更待何日?"原来对在下界如此作乱的黑社会头目青牛怪,处罚竟然就是一句轻而易举的"归家",原因就是有它的主子,太上老君当着保护伞!

再看牛魔王。对牛魔王及其一家的处理,书中就复杂得多了。首先,牛魔王是一个家族作恶;其次,作恶地点与时间分别不同。我们来一一分析。

第一,牛魔王早年是孙悟空的结拜兄弟,在取经途中,唐僧师徒与他曾有多次交集。最先出来的是他的孩儿,在"号山枯松涧火云洞"作怪。孙悟空刚开始不知道是什么妖怪将师父捉走了,将山神土地打出来拷问时,那一伙穷神披一片,挂一片,裩无裆,裤无口的,着实可怜,在孙悟空面前哭诉道:"爷爷呀,只有得一个妖精,把我们头也摩光了;弄得我们少香没纸,血食全无,一个个衣不充身,食不充口。""常常的把我们山神、土地拿了去,烧火顶门,黑夜与他提铃喝号。"可见,牛魔王的儿子红孩儿在火云洞做了多少恶!如果父母管教得好,红孩儿是断不会如此胡作非为的,所以红孩儿作乱,从根源上讲,牛魔王有很大的关系。

红孩儿被菩萨收去,做了个善财童子。因他野心不定,所以菩萨教他一步一拜,只拜到落伽山,方才收法,也算对红孩儿较为严厉的处罚了。

第二,唐僧师徒途经女儿国母子河,吃了母子河的水,须得解阳山落胎泉的泉水,解去胎气。却不想本是公共资源的落胎泉,公然被"如意真仙"霸占,"但欲求水者,须花红表礼,羊酒果盘,志诚奉献",成了他公然敛财的私产!这伤害了多少没有钱财而需要解去胎气的平民百姓。这如意真仙却是牛魔王的兄弟。连孙悟空对他都没有赶尽杀绝:大圣夺过如意钩来,折为两段;总拿着又一撧,撧作四段,掷之于地道:"泼孽畜再敢无礼么?"那妖仙战战兢兢,忍辱无言。这大圣笑呵呵,驾云而起。从整个取经过程来看,孙悟空都是嫉恶如仇,怎么就这么简简单单地放过了如意真仙呢?也许孙悟空真还讲了情面,如意真仙是他结拜兄弟牛魔王的兄弟嘛!

第三,火焰山上,向牛魔王的妻子借芭蕉扇。火焰山赤热之恶劣环境,并非没有办法改善,而这种改善的手段,被牛魔王的妻子罗刹女当作了摇钱树,她的这一行径加重了贫苦百姓的痛苦。对他们夫妇的处置最后是哪吒穿了老牛的鼻子,逼着他让罗刹女拿出了芭蕉扇,搧熄了火焰山,永除了火患。孙悟空甚至还将芭蕉扇还给了罗刹女。

严格地说,这些事情的背后都有人支撑的,或者说有人情在的。其一个家族,在多处为怪,纯粹是地方黑恶势力。他的娘子还好说一点,那把芭蕉扇,是她自己的。但红孩儿是地方恶霸,如意真仙也是将公共资源霸占成为私产,而孙悟空没有将他彻底铲除,不知道还有多少女儿国的人,要给他进贡,多少喝过母子河水的人要去向他求情。

最后看没有人情的、完全就是来自草根的犀牛怪。他们作怪,无非是假借佛家的旗号,偷吃了一些香油,却并未吃人,也未造成类似于青牛怪、红孩儿一般的恶果,但他们最后的结局是怎样的呢?三只犀牛怪,辟寒儿被天将咬死,辟尘儿、辟暑儿都被八戒砍杀。六只犀牛角是怎样分配的呢?大圣说:"四位星官,将此四只犀角,拿上界去,进贡玉帝,回缴圣旨。""留一只在府堂镇库,以作向后免征灯油之证;我们带一只去,献灵山佛祖。"这就是来自草根的犀牛怪犯法的下场,与青牛怪、牛魔王家族,有着天壤之别。

从以上对三个牛怪的不同处置,我们可以看出天上人间许多潜规则。现在,我们要对潜规则说不!

八、明细各异分类账

明细分类账是指按照明细分类账户进行分类登记的账簿,是根据单位开展经济管理的需要,对经济业务的详细内容进行的核算,是对总分类账进行的补充反映。它所提供的有关经济活动的详细资料,是对总分类账所提总括核算资料的必要补充,同时也是编制会计报表的依据。

《西游记》一书虽然讲的是取经的故事,但书中也涉及明细分类账。如书中第九十九回"九九数完魔灭尽,三三行满道归根"中写道,观音菩萨问起唐僧四众,一路上心行如何时,诸神竟然有一个唐僧受难的簿子。菩萨从头看了一遍。上写着:

"蒙差揭谛皈依旨　谨记唐僧难数清
金蝉遭贬第一难　出胎几杀第二难
满江抛月第三难　寻亲报冤第四难
出城逢虎第五难　折从落坑第六难
双叉岭上第七难　两界山头第八难
陡涧换马第九难　夜被火烧第十难
……
铜台府监禁七十九难　凌云渡脱胎八十难
路经十万八千里　圣僧历难簿分明"

这个圣僧历难的过程,被他们用一个明细账簿进行了认真记录,而且记得很详细、很分明,其中的某一难,就是一个明细,里面就有一个详细的故事。

如果要给这个明细账分类,它既不是资产类账户,也不是负债类账户,更不是所有者权益类账户。它是一个过程账户,类似于企业供应过程、生产过程的账户,这是一个取经历难过程的账户。

　　书中类似于此的明细账还有许多,如第四回"官封弼马心何足,名注齐天意未宁"中,玉帝差木德星官送猴王到御马监上任后,办理交接手续。当时猴王欢欢喜喜,与木德星官径去到任。事毕,木德回宫。他在监里,会聚了监丞、监副、典簿、力士、大小官员人等,查明本监事务,止有天马千匹。乃是:

　　骅骝骐骥,騥騠纤离;龙媒紫燕,挟翼骕骦;駃騠银騧,騕裹飞黄;騧騄翻羽,赤兔超光;逾辉弥景,腾雾胜黄;追风绝地,飞翻奔霄;逸飘赤电,铜爵浮云;骢珑虎駼,绝尘紫鳞;四极大宛,八骏九逸,千里绝群:——此等良马,一个个,嘶风逐电精神壮,踏雾登云气力长。

　　这是一本典型的在册天马明细账,详细列明了天马的名字。书中写那猴王查看了文簿,点明了马数,就是孙悟空对着天马的明细账,进行查看和清点。这是典型的资产类明细账。

　　孙悟空与黑风山黑风洞的黑熊精大战时,黑熊精不知道孙悟空的来历,问孙悟空有什么手段时,孙悟空便将他的来历本事如明细流水账一般告诉黑熊精道:

　　自小神通手段高,随风变化逞英豪。
　　养性修真熬日月,跳出轮回把命逃。
　　一点诚心曾访道,灵台山上采药苗。
　　那山有个老仙长,寿年十万八千高。
　　老孙拜他为师父,指我长生路一条。
　　他说身内有丹药,外边采取本徒劳。
　　得传大品天仙诀,若无根本实难熬。
　　……

　　接下来他学成本领,回到花果山称王,龙宫取宝,上天庭,官封弼马温,反下灵霄殿,大闹蟠桃宴,天兵十万来降他,自称齐天大圣,大战二郎神,太上老君炉中炼,如来压在五行山,现在保唐僧取经。这一番经历就是他孙悟空的明细账。孙悟空的明细账记得倒是真实,一点也没有隐瞒,也没有作假,均是如实反映。

孙悟空的这一明细账,既是一个过程账,又有点类似于企业盘存账户的明细账,如货币资金中的现金、银行存款明细账,均是序时的流水明细账。

明细分类账户是依据企业经营管理的需要和经济业务的具体内容设置的,各个企业、单位经济业务的具体内容不同,经营管理的要求不同,明细分类账户的名称、核算内容及使用方法也就各不相同,只能由各企业、单位根据管理的实际需要和经济业务的具体内容自行设置。吴承恩先生在《西游记》中,就为我们设置了孙悟空在不同过程之中,不同的明细分类账,读来令人不禁拍案叫绝,击节赞叹。

九、抵押典当做文章

第四十二回"大圣殷勤拜南海,观音慈善缚红孩"中,孙悟空到南海请观音菩萨去降伏红孩儿,菩萨用净瓶装满了水,对孙悟空道:"悟空,我这瓶中甘露水浆,比那龙王的私雨不同;能灭那妖精的三昧火。待要与你拿了去,你却拿不动;待要着善财龙女与你同去,你却又不是好心,专一只会骗人。你见我这龙女貌美,净瓶又是宝物,你假若骗了去,却那有工夫又来寻你?你须是留些什么作当。"菩萨说的作当,就是说孙悟空要留下什么东西来作抵押或典当。

第六十九回"心主夜间修药物,君王筵上论妖邪"中,孙悟空揭了皇榜,说能医国王的病,而且悬丝诊脉,让皇帝彻底信服之后,他要同唐僧回驿馆制药时,忽见内宫传旨,教留下法师,同宿文华殿,待明朝服药之后,病痊酬谢,倒换关文送行。唐僧大惊道:"徒弟啊,此意是留我做当头哩。若医得好,欢喜起送;若医不好,我命休矣。你须仔细上心,精虔制度也!"这里面也有抵押和典当,只不过不是拿物品来抵押或典当,而是拿人来抵押与典当,这个人质就是唐僧。

典当是指当户将其动产、财产权利作为当物,质押或者将其房地产作为当物抵押给典当行,交付一定比例费用,取得当金,并在约定期限内支付当金利息、偿还当金、赎回当物的行为。

《西游记》讲的是唐朝时候的故事。当然应该和唐朝的典当制度法律相关。

唐代的典当业比较发达,政府对典当机构——质库的经营活动给予了制约。据《唐会要》载,武则天长安元年(701年)曾规定:"负债出举,不得回利作本,并法外生利。""不得回利作本"即不许按复利计算。对于放款月利率,唐玄宗开元十六年(728年)下诏:"比来公私举放,取利颇深,有损贫下,事须厘革,自今以后,天下负举,只宜四分收利,官本五分收利。"朝廷还多次诏书屡禁自营官当,称"如闻朝列衣冠,或代承华胄,或职在清途,私置质库、楼店与人争利,今日已后,并禁断。仍委御史台,察访奏闻"。

《唐令拾遗》中对典当业也有详尽的规定:"诸公私以财物出举者,任依私契,官不为理。每月收利,不得过六分;积日虽多,不得过一倍。……收质者,非对物主,不得辄卖;若计利过本不赎者,听告市司对卖,有剩,还之。如负债者逃,保人代偿。"这里是说,以动产典当,交易自由,但月息上限为六分;典当期限再长,仍不得超过一本一利。同时,典当机构只有在利息超过本金时才可以向当地政府请求变卖质押物品受偿,且变卖当物的溢价部分必须返还当户。

作者吴承恩生活于明朝,从以上几回书中作者写起典当之事,信手拈来。可见明朝之时,抵押与典当已经很是盛行。

明朝对于典当利率有明确规定。《明律》规定:"凡私放钱债及典当财物,每月取利并不得过三分,年月虽多,不过一本一利。违者笞四十,以余利计赃。重者坐赃论罪,止杖一百。"从上至唐朝下到明朝的典当法律,都强调不能放高利贷,否则朝廷会依法惩处。

清朝时的典当业比之明朝有了更大的发展,典当业账房先生有"以日为纲,以时为序,随手登记,细致不遗"之说法,也就是要随手登记明细账,还要特别批注"虫蛀霉烂,各安天命"的专用术语。

我国目前也有典当业,行业的管理法律规范主要为 2005 年 4 月 1 日起实施的《典当管理办法》。其中关于典当利率和服务及管理费用有如下规定:

"第三十七条 典当当金利率,按中国人民银行公布的银行机构 6 个月期法定贷款利率及典当期限折算后执行。典当当金利息不得预扣。

第三十八条 典当综合费用包括各种服务及管理费用。

动产质押典当的月综合费率不得超过当金的 42‰。

房地产抵押典当的月综合费率不得超过当金的 27‰。

财产权利质押典当的月综合费率不得超过当金的 24‰。

当期不足 5 日的,按 5 日收取有关费用。"

其中就包含了当本、当金利息、典当综合费用(包括各种服务及管理费用)等,而且利息与综合费用都有明确的规定与限制,利率按 6 个月期法定贷款利率执行,而且利息不得预扣。这些规定都是保护典当人的利益的,也是限制高利贷的一种方式方法。从古到今,政府对典当业的管理都是以保护典当者利益,限制高利贷为主要内容进行的。可见这是一脉相承的做法。

十、江州府中僧鞋账

《西游记》一书中有个附录,名为"陈光蕊赴任逢灾,江流僧复仇报本",讲的是唐僧的父亲陈光蕊赴任途中被盗贼所害,唐僧母亲也被贼人劫持去做了夫人,只因腹中有了唐僧,为了保他,生下来后将他放到江中,被寺中和尚救了下来,取名江流儿,后来这江流儿(也就是唐僧)长大复仇报本,一家人得以团圆。这个故事中讲到了贼人刘洪在江州当州府,摊派僧鞋一事,让我们一起来详细分析。

书中写唐僧之母见儿子之后,心内一忧一喜,忽一日推病,茶饭不吃,卧于床上。刘洪归衙,问其原故,她说道:"我幼时曾许下一愿,许舍僧鞋一百双。昨五鼓之前,梦见个和尚,手执利刃,要索僧鞋,便觉身子不快。"

刘洪道:"这些小事,何不早说?"随升堂吩咐王左衙、李右衙:江州城内百姓,每家要办僧鞋一双,限五日内完纳。

刘洪在江州当一地的父母官,他的妻子想要还愿,需要100双僧鞋。刘洪既然是一州之长官,俸禄想必不低,100双鞋子的钱还是付得出的,买来也方便。但刘洪根本就没想过自己出钱去买。当时便升堂吩咐王左衙、李右衙:江州城内百姓,每家要办僧鞋一双,限5日内完纳。

买鞋本是家事,刘洪却当成了公事来办,还要升堂吩咐手下人去办,去办都不说,还成了摊派,江州城内百姓,每家要办僧鞋一双,摊派之时,还加了期限,限5日内完纳。

从刘洪得知妻子要办僧鞋开始,他说道:"这些小事,何不早说?"。在他看来,确实是小事,大约因为这样的事,在他想来轻而易举,摊派下去即可。文中"随升堂吩咐"中的一个"随"字,可以看出他将之当作理所当然之事，而且动作很快。从他驾轻就熟的吩咐手下人办理来看，他应该多次办理过类似的事情，而且从下面的效果可以看出他们推行摊派的力度。

文章中只有一句话，说出了摊派的速度与效果："百姓俱依派完纳讫。"可见刘洪在江州的摊派一是有先例，二是如果不按摊派完纳，会有怎样的处罚，百姓畏惧，只得依派完纳。

摊派完后，刘洪问妻子道："这江州有个金山寺、焦山寺，听你在那个寺里去。"他妻子道："久闻金山寺好个寺院，我就往金山寺去。"刘洪即唤王、李二衙办下船只。他妻子带了心腹人，同上了船，艄子将船撑开，就投金山寺去。

这段话中也有多层意思。一是如前文所述，刘洪的妻子到金山寺还愿，本是私事，在刘洪看来，就成了公事一般，即唤王、李二衙，好像这二人是随时准备着听候吩咐，特别是"即"字，说明王、李二衙就在刘洪身边，一刻也没有离开。二是说明了他办私事的速度与前文所述一样，行动迅速。"随升堂吩咐"、与"即唤王、李二衙"前后照应，相互衬托。三是办私事，用的还是公众的资源。到金山寺去，得用船，王、李二衙肯定不会自己掏钱来为刘知州买单，他们是用公款去办下的船。这是典型的公船私用，和今天所说的公车私用一模一样。

文中的僧鞋账，本是小账，一双鞋子不值几文钱，但账小事大。本可以自己出钱购买，但是经过刘洪的演变，却成了公事：只因夫人要还愿，家家户户做鞋忙。这是明显的扰民，劳民伤财。民不堪忧，只得依派完纳。

夫人到金山寺还愿，也是私事，夫人自己去雇只船，或是刘洪去雇只船即可，却也变成了公事，安排公职人员去办理，公职人员办理，本应由私人承担的船钱，却冠冕堂皇地变成了公费负担。

而今新闻媒体报道中许多落马官员有书法、摄影等雅好。这一雅好，无异于前文中的"还愿"，"还愿"需要僧鞋，书法、摄影自然也需要相应的设备与器材，这些设备与器材从哪里来，虽然没有明显的江州城内百姓，每家备办一双，但却是有人为其备办了的，这些官员自然没有自己掏腰包。他们的各类展出,类似于到金山寺"还愿"一般,这也是要费用的。办展出,肯定也要租展馆出费用,这些费用又是谁出的呢?还不是即唤王、李二衙或是张、杨二企业主等。

这里还涉及官员家属的素质与做法。虽然文中没有说是夫人要怎样怎样的,但刘洪的安排,夫人并未阻止,反而心安理得地享受了刘洪的安排,说明她一是知道,二是接受。如果她说百双僧鞋,何须劳众,我们自去购买便可,刘洪也不需摊派江州城内百姓,每家备办僧鞋一双;雇船只时,如果她自己去雇,也就不须王、李二衙去公船私用了。

十一、会计估计与变更

《西游记》第八十七回"凤仙郡冒天止雨,孙大圣劝善施霖"中,关于为什么不给凤仙郡下雨,玉帝道:"那厮三年前十二月二十五日,朕出行监观万天,浮游三界,驾至他方,见那上官正不仁,将斋天素供,推倒喂狗,口出秽言,造有冒犯之罪,朕即立以三事,在于香殿内。汝等引孙悟空去看。若三事倒断,即降旨与他;如不倒断,且休管闲事。"原来凤仙郡3年不下雨,乃是凤仙郡守冒犯了玉帝。真实情况是怎样的呢?

孙悟空从天庭回到凤仙郡后,随即审查此事。行者对郡侯道:"你把那斋天的素供,怎么推倒喂狗?可实实说来!"那郡侯不敢隐瞒,道:"三年前十二月二十五日,献供斋天,在于本衙之内,因妻不贤,恶言相斗,一时怒发无知,推倒供桌,泼了素馔,果是唤狗来吃了。这两年忆念在心,神思恍惚,无处可以解释。不知上天见罪,遗害黎民。今遇老师降临,万望明示,上界怎么样计较。"

直到此时,孙悟空追根求源的审计职业敏感性,才使玉帝怪罪凤仙郡侯的真相大白于天下。玉帝看到的是表面现象,将斋天素供,推倒喂狗,口出秽言,造有冒犯之罪,但玉帝却并未深究表面现象里面的实质,没有追根溯源,郡侯本意并不是要对玉帝不敬的,只是当时因妻不贤,恶言相斗,一时怒发无知,才做出傻事,也才有了这个将斋天素供,推倒喂狗,口出秽言的表象。如果当初玉帝耐心一点,了解到了真实情况,也许不会如此草率地惩罚凤仙郡侯。

虽然说城门失火,殃及池鱼,但总不能厌恶和尚,恨及袈裟。即使凤仙郡侯该罚,凤仙郡的百姓却是无辜的,玉帝在惩罚凤仙郡侯时,连带凤仙郡所有的百姓一起惩罚了。这是典型的一篙子打一船人,让没有关联关系的百姓也受到了牵连。这个处罚显然是不合适的。

事情出了,情况就是上面的情况。难倒了孙悟空这个审计人员,他要推倒处罚更难。因为玉帝已立三事,若三事倒断,即降旨于他。到底是哪三件事呢?原来披香殿内有一座米山,约十丈高下;一座面山,约有二十丈高下。米山边有一只拳大之鸡,在那里紧一嘴,慢一嘴,鹐那米吃。面山边有一只金毛哈巴狗儿,在那里长一舌,短一舌,餂那面吃。左边悬一座铁架子,架上挂一把金锁,约有一尺三四寸长短,锁梃有指头粗细,下面有一盏明灯,灯焰儿燎着那锁梃。玉帝立此三事,直等鸡鹐了米尽,狗餂得面尽,灯焰燎断锁梃,那方才该下雨。

这是多大的难题,短期内几乎不可能实现,除非海枯石烂,水滴石穿!假若我们将米尽、面尽、燎断锁梃,看成是折旧或摊销的结果,那这个过程将是无限的漫长,怎样才能让其快速达到目的呢?肯定只有修改折旧或是摊销的规则与方法,如加速折旧、一次性摊销等方法,这些都是对原有既定的会计估计进行变更。企业所有的会计估计并不是实施之后一成不变的。通常情况下,企业可能由于以下原因而发生会计估计变更:一是赖以进行估计的基础发生了变化;二是取得了新的信息,积累了更多的经验。

玉帝所立三事,按以前的估计,米尽、面尽、燎断锁梃,基本是无限期的,是因为他认为凤仙郡侯对天不敬,但经过孙悟空的深入审计,凤仙郡侯的本意并不是对天不敬,玉帝对此形成了误解,所以在取得了新的信息的情况下,当初设定估计的前提发生了变化,对所要达到的结果所实施的规则也应该相应改变,所以凤仙郡侯真诚改过,凤仙郡百姓诚心向善后,折旧或摊销方法变成了加速折旧或一次性摊销,凤仙郡终于迎来了3年来的第一场雨。

会计估计的变更采用未来适用法进行处理。即在会计估计变更当期及以后期间,采用新的会计估计,不改变以前期间的会计估计,也不调整以前期间的报告结果。书中的故事完全是按此方法进行处理的。一是以前的估计,已经无法变更,以前期间的结果也无法调整,凤仙郡

3年未下雨的事实无法改变。能改变的只有当期,现在迎来了第一场雨,当然还能改变以后各期,凤仙郡再也不会发生3年不下雨的情况了。当然这就是会计估计变更后可能导致的两种结果:一是只影响变更当期;二是既影响变更当期,又影响未来期间。书中的这个会计估计变更,属于典型的第二种:既影响变更当期,又影响未来期间。

十二、金平府中灯油账

《西游记》一书中第九十一回"金平府元夜观灯,玄英洞唐僧供状"中,写得有一回书,里面有一笔账,说的是金平府每年元宵节都要观灯,其中有一种灯油很香,唐僧问起来时,才知道这笔灯油账的由来。

众僧道:"老师不知。我这府后有一县,名唤旻天县。县有二百四十里。每年审差徭,共有二百四十家灯油大户。府县的各项差徭犹可,惟有此大户甚是吃累:每家当一年,要使二百多两银子。此油不是寻常之油,乃是酥合香油。这油每一两值价银二两,每一斤值三十二两银子。三盏灯,每缸有五百斤,三缸共一千五百斤,共该银四万八千两。还有杂项缴缠使用,将有五万两,只点得三夜。"

这段话中有一个疑问,要算一笔账。疑问是:为什么每一两值价银二两,每一斤值三十二两银子?当时是十六两的称,有句成语"半斤八两",说的就是十六两的称与十两称之间的关系。如果是十两的称,半斤等于五两,如果是十六两的称,半斤等于八两。$16 \times 2 = 32$。所以一两值价银二两,一斤值三十二两银子。一笔账是:一千五百斤香油,共该银四万八千两。$1\,500 \times 32 = 48\,000$。这还是考会计进行计算的一个数学题。这个疑问与算账简单,不简单的是为什么要出这笔灯油账?

原来这回书中说的是唐僧师徒到了金平府,金平府附近有座山,名青龙山,内有洞,名玄英洞。洞中有三个妖精:第一个名辟寒大王,第二个号辟暑大王,第三个号辟尘大王,这妖精在此有千年了。他自幼儿爱食酥合香油。当年成精,至此假装佛像,哄了金平府官员人等,设立金灯,灯油用酥合香油,他年年到正月半,变佛像收油。却苦了百姓,每年要花费如此多的钱财,劳民伤财。也就是上面的一个疑问,一笔账。

我想金平府的百姓,每年要上缴的税费肯定不止此灯油费一项,各种正常的税费肯定是免不了的,这是正常的税费以外的费用,至少唐僧师徒到西天取经,走过的宝象国、车迟国、女儿国、乌鸡国等其他地方都没有这项费用。

说到底,这项费用就是打着佛家的旗号,假借供佛的名义敛财,巧立名目收费,实际是让自己得实惠。这让我联想到农村税费改革前,有农业税、三提五统(即三项提留、五项统筹,都是收费的名目),县乡村在收取上述税费的同时,还经常搭车收费。即收取上述费用以外的费用。当时农村很穷,农民很苦,这些巧立名目的收费就是导致的因素之一。好在中央从2003年开始取消农业税,同时也取消了三提五统等收费项目,农村、农民的状况才得以改善,农村才迎来第二次发展。

据有关媒体报道,2015年我国取消的部分收费项目如下:

银行卡年费、管理费取消。2015年5月1日起,中国银监会、国家发改委发布的《商业银行服务价格管理办法》正式实施,本次银行减免的是借记卡部分手续费(不包括信用卡),包含年费、取现手续费、短信通知费、转账汇款手续费、小额账户管理费等。

居民大病医保个人缴费取消。2015年1月1日开始,参加居民医保的人员,大病医保不需要个人再缴费。

办理公积金贷款,多项费用取消。根据住建部、财政部、中国人民银行联合下发的《关于发展住房公积金个人住房贷款业务的通知》,取消住房公积金个人住房贷款保险、公证、新房评估和强制性机构担保等收费项目。

航空燃油附加费取消。2015年2月5日起,国内航线燃油附加费在经历了五连降之后迎来"零时代"。国内多家航空公司宣布,国内航线燃油附加费将全部取消。

教育部门取消部分收费。从2015年1月1日起,取消下面六项教育收费:①中考招生录取费。②各类成人学校毕业证书费。③成人高校预科班收费。④硕士研究生课程进修班学费。⑤学位论文答辩费。

取消企业注册登记费。根据财政部2014年12月23日下发的《关于取消、停征和免征一批行政事业性收费的通知》,2015年1月1日起,取消工商行政管理部门对企业注册登记费和个体工商户注册登记费的收取。

交通部门取消三项收费。驾校证件工本费;道路货物运单工本费;经营性道路客货运输驾驶员从业资格证工本费。

取消的还有其他不合理、不合法的收费项目。这些项目以前都是存在的,类似于金平府的灯油费,金平府的百姓承担了多年。好在现在孙大圣来了,灯油费从此不用缴纳了。

最后的结局在第九十二回中有交待。行者和众天将捉拿妖怪后,在半空中叫道:"金平府刺史,各佐贰郎官并府城内外军民人等听着:吾乃东土大唐差往西天取经的圣僧。你这府县,每年家供献金灯,假充诸佛降祥者,即此犀牛之怪。我等过此,因元夜观灯,见这怪将灯油并我师父摄去,是我请天神收伏。今已扫清山洞,剿尽妖魔,不得为害。以后你府县再不可供献金灯,劳民伤财也。"

金平府府县官员,城里城外人等,家家设香案,户户拜天神。我们目前取消了诸多收费项目,民众都有切身感受,办事容易多了,出的冤枉钱少了,内心和金平府的百姓一样,对这样的政策积极支持、欢呼拥护,甚至希望这样的政策越多越好。

十三、请缘簿中看化缘

《西游记》一书中第七十二回"盘丝洞七情迷本，濯垢泉八戒忘形"中，唐僧到盘丝洞中去化缘，盘丝洞中的众女子问道："长老是何宝山？化甚么缘？还是修桥补路，建寺礼塔，还是造佛印经？请缘簿出来看看。"

这段话虽然简洁，却大有深意，暗藏玄机。其中有许多与财务会计相关之处。

第一，唐僧去化缘，应该有一个化缘簿。这是盘丝洞女妖精们的看法。其实这就是当时普通世人的看法。因为经常有和尚化缘，而且基本上都有了一个惯例，化缘的和尚都有一个化缘簿。这个化缘簿，相当于一本明细账。所以唐僧去化缘，也应该有一个化缘簿。众妖精先是让唐僧拿账出来。

第二，化缘簿应该有名称。账拿出来了，众妖精肯定要看账。众女子说的还是修桥补路，建寺礼塔，还是造佛印经？就是这个化缘簿名称的列举。因为僧家化缘，无非是将化缘得来的钱，用于以上项目。而且也可以看出，当时僧家已经有多种由头来化缘，盘丝洞众女子说的肯定没有将化缘的理由与名称罗列全面，概括彻底。当然这个化缘簿的名称前，还要注明是何宝山，要让施舍的人知道是为哪里的寺庙施舍了的。

第三，化缘簿中记载了详细的明细账。账拿出来了，就要审。大约在这个请缘簿上，封面上写的是某某宝山，某某缘由（也就是项目：修桥补路，建寺礼塔，造佛印经等），共需要多少善款等。里面应该类似于现在的现金日记账之类的形式进行记录，某某年，某月，某日，施主某某某，施舍善款多少，或是香油多少，或是米面粟麦多少等。严格地说，这就是一本收入的明细账。只不过不纯粹是现金的收入账,还包含有物质的收入账。有的项目修桥补路,建寺礼塔,收的化缘账中,还有砖多少,瓦多少,木料多少等建筑材料。

第四,化缘的缺口有多少。怎样审账呢,肯定要分析。盘丝洞中的女妖精要看请缘簿,无非是以下几种心思。一是看别人施舍了多少,有个比较,我不能施舍多了,也不能施舍少了,随大流,看众人施舍多少,我也施舍多少吧。这是有些人做公益事业存在的一种心态。包括随礼,有些人也是别人多少,我也多少。二是看化缘簿真不真实,化缘簿中的化缘人,也许就有自己认识的人,张三捐了多少,李四捐了多少,王五是自己认识的,他也捐了?还有这么多?他的家境可不富裕,不会有这么多吧?等等。总之是想看一看化缘簿记录的真实性,略带有审计的性质在里面。三是看看项目总投资是多少,也就是总化缘得多少,已经化缘了多少,还有多少缺口,自家要施舍,自然得依据缺口来。不可能你化缘的只说要五百,我给你五万。

关于化缘与乞讨,曾经有两方面的报道。一是据有关媒体报道,在阿联酋人口最多的城市迪拜,一个乞丐的月收入就能达到47万元人民币左右。不知道迪拜的乞丐,使了什么魔法,是怎样化缘的,他们有没有请缘簿。我想多半是没有的。二是魏则西事件牵扯出来的莆田系,网上再爆莆田系的寺庙经济,如何靠承包寺庙赚钱等。我没有深究莆田系寺庙如何敛财生钱之意,只是就寺庙中的一个普遍现象进行讨论。众所周知,寺庙中都有功德箱。善男信女礼佛的钱,都放到了功德箱中。功德箱是密封的,不像请缘簿,是可以翻开来看明细的。同时功德箱既不记录善男信女的名字,也不记录善男信女捐了多少。总之,这就是一暗箱。善男信女捐了多少,各凭自己的心愿。但到底功德箱中收了多少,我想有多少寺庙能够说清楚呢?大约都是一本糊涂账吧。

从财务监管的角度来说,开功德箱,应该至少有两人同场,这样才能行使监督职能。因为一个人舞弊总比两个通同舞弊要容易得多。同时开了功德箱,功德箱的钱用在了何处?上交了吗?还是直接分了?有关媒体甚至报道,某某寺庙的某个功德箱,是某某承包的。连寺庙都能承包，当然承包一个小小的功德箱，肯定不在话下了。

  从以上媒体报道的这两则消息来看，他们远没有《西游记》一书的作者所处的时代明朝的乞丐、僧人们来得真实。唐僧去化缘，连盘丝洞中的众女妖精都知晓要看请缘簿，我想我们再去做功德，再去施舍，再去做公益时，也应该至少有如盘丝洞女妖精看账、审账、分析账的心思，分清情况，弄清事实后，再去处理，不要将我们的一片善心白白地满足了部分假借善良的僧家的私欲。这也是现在众多媒体以及民众要求公益性组织公布其账目的缘由之一。

十四、驼罗庄里下定钱

《西游记》一书中第六十七回"振救驼罗禅性稳,脱离秽污道心清",唐僧师徒来到了驼罗庄,那李姓老者听说孙悟空能降妖伏魔,便赐师徒一行盛斋,并请孙悟空捉拿妖怪时,孙悟空朝上唱个喏道:"承照顾了!"八戒说他听到要捉拿妖怪,便很积极时,孙悟空说这是先下定金。行者道:"贤弟,你不知。我唱个喏就是下了个定钱,他再不去请别人了。"原来孙悟空生怕别人将他捉妖的生意抢走了,所以要先下定金。

我们来分析一下定金。"定金"指为保证合同的履行,消费者(买方)预先向销售者(卖方)缴纳一定数额的钱款。合同上是"定金"的,依据《合同法》相关规定,一方违约时,双方有约定的按照约定执行;如果无约定,销售者违约时,"定金"双倍返还;消费者违约时,"定金"不返还。"定金"的总额不得超过合同标的的20%。

和定金相近容易混淆的,还有"订金"。"订金"目前法律上没有明确规定,一般可视为"预付款"。"订金"的效力取决于双方当事人的约定。双方当事人如果没有约定,"订金"的性质主要是预付款,如果双方当事人另有约定,则按照约定执行。

定金与订金的区别,主要表现在:①交付定金的协议是从合同,依约定应交付定金而未交付的,不构成对主合同的违反;而交付订金的协议是主合同的一部分,依约定应交付订金而未交付的,即构成对主合同的违反。②交付和收受订金的当事人一方不履行合同债务时,不发生丧失或者双倍返还预付款的后果,订金仅可作损害赔偿金。③定金的数额在法律规定上有一定限制,例如《担保法》就规定定金数额不超过主合同标的额20%;而订金的数额依当事人之间自由约定,法律一般不作限制。④定金具有担保性质,而订金只是单方行为,不具有担保性质。

从以上法律解释来看,孙悟空下定金,是从合同。应该还有一个主合同。这个主合同当然是降妖的合同了。驼罗庄里的长者,因这妖怪,先请了一个和尚,次请了一个道士,两者都丧了命不说,还让驼罗庄惹上了官司。所以驼罗庄上的长者很谨慎,老者道:"你若果有手段拿得他,我请几个本庄长者与你写个文书:若得胜,凭你要多少银子相谢,半分不少;如若有亏,切莫和我等放赖,各听天命。"行者道:"这老儿被人赖怕了。我等不是那样人。快请长者去。"这是双方走法律程序,写文书、订合同。看来明朝时,民众已经很重视法律手续了。

这回书里面,除了分析定金外,还有一个重要的启发与感悟。这就是财务人员面对违背财务法律、法规的事情,要敢于作为,勇于作为。

《西游记》一书中写道孙悟空与几个长者正讲处,只听得呼呼风响,慌得那八九个长者,战战兢兢道:"这和尚盐酱口!说妖精,妖精就来了!"那老李开了腰门,把几个亲戚,连唐僧,都叫:"进来!进来!妖怪来了!"唬得那八戒也要进去,沙僧也要进去。孙悟空拉住他们两个,不让他们进去时,八戒道:"哥啊,他们都是经过账的。风响便是妖来。他都去躲,我们又不与他有亲,又不相识,又不是交契故人,看他做甚?"

妖怪弄了一阵风,便让天蓬元帅猪八戒、卷帘将军沙和尚两个起了不作为之心,要和普通老者一样多一事不如少一事,去躲避,特别是八戒,说得更直接:他们是经过账的,风响便是妖来。驼罗庄的人经过什么账?无非是妖怪为祸的账。既然知道妖怪祸害,为什么还要放纵妖怪祸害呢?为什么不跟妖怪进行清算呢?说到底,一是没有胆量,怕事,不敢作为。二是没有必胜的把握,多一事不如少一事,懒作为。好在他们在孙悟空的坚决行动下,虽然是不作为,懒作为,但也没有添乱,没有反作为。

而孙悟空的行动和八戒、沙僧的行为形成了鲜明的对比,他不仅是口头下定金,笔墨上写文书、签合同,更是敢作敢为,勇于作为,直接跳上空中,与妖怪打斗起来。如果他跟八戒、沙僧一样,前怕狼、后怕虎,心中有多种顾虑,考虑着个人的得失,瞻前顾后,只怕驼罗庄上的妖怪要永远为祸一方了。

我们目前的改革,已经进入了深水区,正是攻坚克难的关键时期,肯定会遇到类似于驼罗庄上的妖怪。在困难面前,有许多人抱着无过便是功的心态,做一天和尚撞一天钟,不作为,懒作为,这样做的事少,犯的错误也少。孰不知,这样的和尚最终必然会被驼罗庄上的妖怪所吃掉。我们财会人也会遇到违背原则与制度的人和事,如果我们也不作为,装聋作哑,睁一只眼闭一只眼,和稀泥,甚至是逃避,则是对这种行为的放纵,自己也会因未坚持制度与原则而受到相应的处罚。

火眼金睛的孙悟空早已看透了这一点,所以他义无反顾地下定钱、写文书、签合同、斗妖怪!他知道只有敢作为、勇作为,才不会被困难吓倒,才会战胜困难,蹚过深水区,才能坚持制度与原则,才能最终走上健康发展的良性轨道。

十五、赵寡妇的买卖账

《西游记》一书中第八十四回"难灭伽持圆大觉,法王成正体天然",唐僧师徒途经灭法国,夜晚要住宿吃饭,到了赵寡妇店,这就引出了赵寡妇做买卖的一本账。

赵寡妇道:"我店里三样儿待客。如今先小人,后君子,先把房钱讲定后,好算账。"又道:"我这里上、中、下三样。上样者:五果五菜的筵席。狮仙斗糖桌面,二位一张,请小娘儿陪唱陪歌。每位该银五钱,连房钱在内。中样者:合盘桌儿,只是水果、热酒,筛来凭自家猜枚行令,不用小娘儿,每位只该二钱银子。下样者:没人伏侍,锅里有方便的饭,凭他怎么吃;吃饱了,拿个草儿,打个地铺,方便处睡觉;天光时,凭赐几文饭钱,决不争竞。"

赵寡妇的买卖可以说是明码实价,标得很清楚,对应的价码是多少,服务就要达到什么样的标准。虽然没有签合同,但也相当于口头协议。而且赵寡妇没有欺客宰客,她明码实价地告诉了客人,对客人进行了公示,先小人,后君子,以后好算账。

赵寡妇的买卖属于典型的"营改增"范畴,是生活服务业。具体点说就是包含餐饮、住宿服务业。现在的酒店一般都包含有这种业务。不过请小娘儿陪唱陪歌,应该是娱乐服务业了,这就要看赵寡妇在账务处理上,是否分开核算了。

如果消费者孙悟空一行要赵寡妇给开具增值税发票,赵寡妇是必须要开具的。但她怎样抵扣她的税收呢?这要看她是一般纳税人还是小规模纳税人。

赵寡妇的生活服务业,发生应税行为,增值税税率为6%。增值税征收率为3%。如果赵寡妇店是小规模纳税人,选择的简易计税方法计税,一经选择,36个月内不得变更。简易计税方法的应纳税额＝销售额×征收率,不得抵扣进项税额。她可以直接按收到客人的钱款,也就是销售款乘以3％缴税,但她就只能开具增值税的普通发票,要开增值税专用发票,还要到税务部门去请税务部门代开。如果赵寡妇店的生意小,月销售额未达到2万元,免征增值税。2017年12月31日前,月销售额2万元至3万元的增值税小规模纳税人,也免征增值税。就是说,从现在到2017年12月31日,如果赵寡妇店的生意还未做大,月销售额还未超过3万元,这段期间可以继续享受免征增值税的优惠政策。

如果赵寡妇店是一般纳税人,那么她一经登记为一般纳税人后,不得转为小规模纳税人,除非国家税务总局另有规定。一般纳税人采用的是一般计税方法。赵寡妇店当期的应纳税额＝当期销项税额－当期进项税额。如果当期销项税额小于当期进项税额不足抵扣时,其不足部分可以结转下期继续抵扣。

既然如此,赵寡妇就要做好她的抵扣手续了。索要抵扣发票,好抵扣进项税。从销售方取得的增值税专用发票上注明的增值税额;从海关取得的海关进口增值税专用缴款书上注明的增值税额。以上这些都是可以抵扣的。赵寡妇店从事餐饮服务,还采购有农产品,这一块怎么抵扣呢?

购进农产品,除取得增值税专用发票或者海关进口增值税专用缴款书外,按照农产品收购发票或者销售发票上注明的农产品买价和13％的扣除率计算的进项税额,也是可以抵扣的。可这就有点为难了,如果是小商小贩提篮小卖,1只鸡,10个鸡蛋,两三斤萝卜白菜,你让她们怎么给你开具增值税专用发票。又怎么开具农产品收购发票或者销售发票,这不是要为难死赵寡妇吗?

还有,赵寡妇店里的人工工资这一块,是不能抵扣的。比如伙房里的大厨,店里跑堂的小二,洗碗的阿三。这都是固定工,每月要开工钱的。还有请的小娘儿,陪唱陪歌的费用,赵寡妇开给小娘儿的相当于佣金,也就是临时工工资。大厨、小二、阿三、小娘儿可没有增值税票开给赵寡妇。最多打个领条或是赵寡妇造个工资表,她们在工资表上签个字领钱走人。

　　看来赵寡妇店的生意也不好做。上等宾客,每人该银五钱的,一般都是要增值税发票的;中、下等宾客,如果是个人消费,可以不开具增值税发票,她还可以省一省。而且可开可不开的,她还可以给客人做工作;购进的旅客运输服务、贷款服务、餐饮服务、居民日常服务和娱乐服务,取得的进项税额,不得从销项税额中扣除。也就是说,客人拿了赵寡妇开的增值税专用发票,也不能去抵扣,最多只能报个账。如果对方是小规模纳税人或是个人,就完全没有必要了。

　　赵寡妇店小本经营,实指望孙悟空一行四个马贩子要上等管待,他们却吃斋,又赚不得他钱,令赵寡妇好生失望。可怜天下的餐饮人。

十六、孙悟空的贩马账

《西游记》一书中第八十四回"难灭伽持圆大觉,法王成正体天然",唐僧师徒途经灭法国,要在赵寡妇店住宿吃饭,孙悟空做了一个假,杜撰了一笔贩马账。

行者捣鬼道:"我们原来的本身是五千两,前者马卖了三千两,如今两褡裢里现有四千两,这一群马还卖他三千两,也有一本一利。够了!够了!"

岂知赵寡妇这店里走堂的、挑水的、烧火的,素与强盗一伙。听见行者说有许多银子,他就着几个溜出去,伙了20多个贼,明火执仗的来打劫马贩子。

原来他们是听了孙悟空假装马贩子,算了一笔贩马账,才起了打劫之心的。孙悟空的贩马账,到底是一笔怎样的账,怎么会有如此大的诱惑力呢?让我们来一一分析。

"我们原来的本身是五千两",这一句话,可以看成是马贩子的营运资金是5 000两,也可以看成是本钱。如果本钱不用,肯定还是5 000两,不会多也不会少。这肯定不符合马贩子经商的原则。马贩子肯定要去买马来卖。这就是马贩子的生意。至于马贩子到底是从何处买的马,买了多少马,一概不知,因为孙悟空这个假装的马贩子没有说。

"前者马卖了三千两"这一句话,说明前不久刚刚销售了一批商品马,得了销售款3 000两银子。他这个马贩子所从事的行业,相当于现在的商品流通企业。但这句话中也有漏洞,如果前面卖了马的钱3 000两,也算在后面所包含的褡裢里面的4 000两,那就还是只有现银4 000两,不能重复计算成7 000两。当然从后面的话分析,前面卖马的3 000两,应该不包含在现银4 000两里面。

"如今两褡裢里现有四千两,这一群马还卖他三千两"这两句话相当于盘点,包含有两个方面的盘点,一是现金盘点,褡裢里现有 4 000 两银子,这是现金;这一群马还卖他 3 000 两,是实物盘点,也就是库存商品的盘点,价值应该还有 3 000 两。两相合计,应该是 7 000 两。

最后,孙悟空说也有一本一利,是怎么算来的呢?为方便叙述,我们将银两的单位"两"简化成现在的"元"来讲述。本 5 000 元。已卖 3 000元,加现金 4 000 元,加未卖存货 3 000 元,合计 10 000 元。10 000元减去本 5 000 元,毛利正好 5 000 元。所以孙悟空说有一本一利。

孙悟空算账时,假设将未卖的存货也算做已经销售并收到了销售款,这样才会有一本一利。要是未卖存货卖不到 3 000 元呢?不就没有一本一利了吗?我们先假定孙悟空的假设成立,这就是一个简易的损益表,营业收入 10 000 元,营业成本 5 000 元,营业利润 5 000 元。但这个简易的损益表中,是未考虑到税收因素的。

按现在的增值税相关法律法规来分析,孙悟空贩马公司如果是小规模纳税人,实行的征收率是 3%,那么他应该缴纳的增值税销售额为: $10\ 000 \div (1+3\%) = 9\ 709$ 元,他要缴纳的增值税税额为 $9\ 709 \times 3\% = 291$ 元。缴纳了增值税,还要缴纳相应的附加税,如城建税、教育附加等。这里我们忽略不计。这样他的损益表就要修改了。营业收入 9 709元,营业成本 5 000 元,营业税金 291 元,营业利润＝9 709－5 000－291＝4 418 元。这样一算的话,本是 5 000 元,利是 4 418 元,已经没有一本一利了。这里还没有计算附加税如城建税、教育附加以及所得税等等。当然如果他的月销售额没有达到 2 万元,是可以免征的,那又另当别论了。而且在 2017 年 12 月 31 日前,月销售额没有超过 3 万元的,也可以享受免征增值税的优惠政策。当然这都是针对小规模纳税人的优惠政策。

如果他的贩马公司是一般纳税人,实行的是 17% 的增值税税率,那么他的增值税销项税金应该为 $10\ 000 \div (1+17\%)$ 再乘以 17%,当然还要减去他的增值税进项税额,$5\ 000 \div (1+17\%)$ 再乘以 17%,即

1 453－726.5＝726.5元。交纳了增值税,还要交纳相应的附加税,如城市维护建设税、教育费附加等。这里我们也忽略不计。

如果将这一税收因素考虑进去,贩马账的损益表就要改动了。营业收入是包含税金的,要剔除税金 8 547(元)(10 000－1 453);营业成本当然也要剔除税金,金额为 4 273.5(元)(5 000－726.5);营业利润＝营业收入－营业成本－税金,8 547－4 273.5－726.5＝3 547(元)。3 547元就是营业利润。当然这里暂未考虑所得税。如果按25％计算所得税,那孙悟空的贩马公司净利润就少得可怜了。未计算所得税时,本是 4 273.5元,利是 3 547元,已经没有一本一利了,计算相应的附加税、所得税后,离一本一利就差得更远了。

即使没有一本一利,孙悟空这一行马贩子的经营利润也够可观的了,财帛动人心,惹得赵寡妇店中走堂的、挑水的、烧火的,溜出去伙了20多个贼,明火执仗的来打劫马贩子。这一下,可怜马贩子赚得再多,也是白赚了,都是为他人做嫁衣裳。

十七、管账先生孙悟空

《西游记》一书中第九十七回"金酬外护遭魔蛰,圣显幽魂救本原",唐僧师徒从铜台府地灵县寇员外家出来,寇员外为送唐僧师徒起身,彩帐花幢,盛张鼓乐,惊动了人眼目,有一伙打劫的强盗,商量了便要来打劫唐僧师徒。唐僧师徒被打劫的强盗拦住后,孙悟空跟打劫的强盗说:"大王!大王!我是乡村中的和尚,不会说话,冲撞了莫怪,莫怪!若要买路钱,不要问那三个,只消问我。我是个管账的。凡有经钱、衬钱,那里化缘的、布施的、都在包袱中,尽是我管出入。那个骑马的,虽是我师父,他却只会念经,不管闲事,财色俱忘,一毫没有。那个黑脸的,是我半路上收的个后生,只会养马。那个长嘴的,是我雇的长工,只会挑担。你把三个放过去,我将盘缠、衣体,尽情送你。"

这一段话将管账先生孙悟空的职责、所管账务明细、所经办的财务事务说得清清楚楚,让我们对明朝时的管账先生有了一个大致的了解。

一是所管账务明细。凡有经钱、衬钱,那里化缘的、布施的、都在包袱中。这一句话,说的其实是出纳的保管职责与记录职责。都在包袱中,说明钱是由孙悟空保管的。也就是他行使着出纳的保管现金职责,同时,他还要记录现金日记账,或是现金收支账。经钱、衬钱,应是收入的科目明细,也就是收到施主施舍的经钱是多少,衬钱是多少。化缘的、布施的,也是收入的明细,只不过是记录收入的来源对象,张家化缘多少,李家化缘多少,王家布施多少,他都记了一个账,有一个明细。应该他这个收支账,记录下的余额,和他保管的余额相符。

二是经办的财务事项。从"尽是我管出入"这句话中,可以看出孙悟空不仅是收钱、付钱,记录现金收支账的出纳,还是管出入的具体经办人员。比如买,就是出,也是由他经办的,相当于采购人员。整个采购与付款,取经团队没有其他人监督与牵制、复核,都是孙悟空一个人经办,这其中存在着重大的内部控制缺陷。

三是孙悟空的财务职责。从"你把三个放过去,我将盘缠、衣体,尽情送你。"这句话中可以分析出,取经团队的财务开支,全部由孙悟空一个人说了算,师父只是一个摆设,只会念经,不管闲事,财色俱忘,一毫没有。当然也没有对管账先生孙悟空的监督与管理。师父都是如此,更不要说沙僧与八戒了,一个成了养马的,一个成了挑担的,都是他的手下后生与长工,怎么来监督他这个管账先生呢,自然一切都是他说了算。正因为没有监督与牵制,所以他可以大大方方地说:"我将盘缠、衣体,尽情送你。"

管账先生孙悟空的这一套在现行会计制度下是绝对行不通的。现行会计制度规定了财务人员的岗位与职责要分离,要有内部牵制措施,严格规定了"三权分离",即管账的不管钱,管钱的不管账,管审批的不管钱也不管账。而孙悟空就一个人,既管账,又管钱,还管审批。这是和现代会计管理制度严重相违背的。

其实取经团队不是没有人员来实施内部牵制。首先唐僧要切实担负起领导责任,认真行使审批稽核职权;然后孙悟空要么是管账,要么是管钱,必须分离一项职责出来,由八戒或是沙僧来担任,这样才能切实做到三权分离。如果有印鉴,还不能让孙悟空一个人管,要实行"印鉴分管"制度,也就是说如果是开支票取现或转账,不是孙悟空一个人能办得了的,必须还要有另外的人如八戒或沙僧一同办理方可,当然肯定还要唐僧的审批。如果开通了网银,可以网上支付或者网上转账的,那么支付口令是设立两道还是三道,也应该由唐僧这个领导者来定。孙悟空那里有一道支付口令,八戒或是沙僧那里有另一道支付口令。唐僧那里可以有也可以不设第三道支付口令。如果实行了以上措施,那管账先生孙悟空,可能就真的只是管账的先生,而不是既管账又管钱的先生了。

管账、管钱、管审批三权分离后,经营业务也要分开。比如说采买,应该有具体的经办人员,不能也由孙悟空一手包办。如果业务也由他经办,报账也是他一个人经手,这里面就存在着舞弊的可能性,当然也存在着内部控制缺陷。如果沙僧是在管账、管钱和管审批之外的人员,安排他当采购倒是合适的人选。这样整个采购与付款环节的内控基本就可以全部建立起来了。沙僧采买,唐僧审批,八戒当出纳付款,孙悟空当会计记账。整个业务流程清晰完整,没有缺陷与漏洞可钻。

  销售与收款流程当然也要和采购与付款流程一样,实行严格的管理。众人都可以去化缘,但收款只能由一个人收,专职的,如八戒;记账也只能是一个人,分开的,如孙悟空;当然管审批的,还是唐僧。实施这样的管理后,管账先生孙悟空,才是名副其实管账的先生,自然他再也不能大大方方地说"我将盘缠、衣体,尽情送你"了,审批他还得过唐僧这一关。

十八、沙僧的实证会计

唐僧师徒途经通天河时,一夜大雪,将通天河冻住了。唐僧急着要去西天取经,想趁冰过河,但陈家庄的陈长老说还是等冰融化后办船过河。这时沙僧道:"就行也不是话,再住也不是话。口说无凭,耳闻不如眼见。我备了马,且请师父亲去看看。"对于立马趁冰过河的假设与等冰融化后办船过河的假设,沙僧都未予肯定,也未予以否定,还是要进行实地考察验证后再下结论,再行定夺。他的这一行动,就是实证会计的应用。

唐僧师徒路过小雷音寺时,也有一声辩论。孙悟空说这不是雷音寺,虽是寺院,却有凶气,观似雷音,但道路有差池,不可擅入,恐遭毒手。但唐僧一心要行。这时沙僧道:"不必多疑。此条路未免从那门首过,是不是一见可知也。"对于孙悟空与唐僧的假设,沙僧未置可否,而是一见可知,也就是说,还是要对假设进行验证。这时连孙悟空都说:"悟净说得有理。"看来沙僧的实证会计用的很多。

书中第五十七回"真行者落伽山诉苦,假猴王水帘洞誊文",孙悟空被唐僧第三次逐出取经团队后,到南海观音菩萨那诉苦去了,却有一个六耳猕猴,假扮了另外的唐僧师徒一行四众。沙僧到水帘洞去请孙悟空回去时,见了假沙僧时大怒道:"我老沙行不更名,坐不更姓,那里又有一个沙和尚!不要无礼!吃我一杖!"好沙僧,双手举降妖杖,把一个"假沙僧"劈头一下打死,原来是一个猴精。沙僧运用起实证会计来,早已得心应手。

第八十一回"镇海寺心猿知怪,黑松林三众寻师"中,唐僧被妖怪掳走,孙悟空气八戒和沙僧保护师父不力,要打他们。沙僧跪下道:"兄长,我知道了。想你要打杀我两个,也不去救师父,径自回家去哩。"沙僧这是假设孙悟空打死他们两个后的情况。这肯定是孙悟空所不愿意的。所以孙悟空道:"我打杀你两个,我自去救他!"沙僧笑道:"兄长说的哪里话!无我两个,真是'单丝不线,孤掌难鸣。'兄啊,这行囊、马匹,谁与看顾?宁学管鲍分金,休仿孙庞斗智。自古道:'打虎还得亲兄弟,上阵须教父子兵'。望兄长饶打,待天明和你同心戮力,寻师去也。"这番话将没有了八戒、沙僧两人的假设与有两人帮助的假设及结果证明给孙悟空一听,孙悟空自然明白了其中的道理。这样便饶了他两个,一同去寻师父。看来这还是沙僧的实证会计之功劳。

　　唐僧师徒中运用实证会计理论较多的是沙僧,唐僧也曾有一次运用过实证会计理论。师徒一行经过祭赛国时,金光寺的僧人因塔顶的佛宝舍利丢失了,僧人们也都受到了国王的惩罚,正在受苦受难。唐僧道:"我欲面君倒换关文,奈何这众僧之事,不得明白,难以对君奏言。我当时离了长安,在法门寺里立愿:上西方逢庙烧香,遇寺拜佛,见塔扫塔。今日至此,遇有受屈僧人,乃因宝塔之累。你与我办一把新笤帚,待我沐浴了,上去扫扫,即看这污秽之事何如,不放光之故何如,访着端的,方好面君奏言,解救他们这苦难也。"这便是唐僧的实证之举,扫塔是表象,实为查清真相。

　　从《西游记》一书中,我们便可以看出社会对实证研究的需求,而且从沙僧的实证事例中,可以看出实证研究的重要作用。

　　"对大部分人来说,会计是一系列令人费解的方法的混合物。我们认为实证理论能够帮助人们澄清这种误解。实证会计理论提供了一个解释会计和审计实务的框架,这对许多人来说都是相当有用的。"[1]正是沙僧运用的实证事例,提出的假设,对实证的充分运用,让取经团队少走了许多弯路,少了许多无谓的争执,很快让大家的意见得到了统一。

　　实证会计理论的融会贯通及熟练运用,应是我们会计人的看家本领,吃饭的专业基础,我们可不能输于沙僧噢。

---

[1] 《西方会计名著导读》(下)许家林、王昌锐、龚翔主编:立信会计出版社 2014 年版,第 24 页。

十九、物价水平看玉华

唐僧师徒西天取经,来到了玉华府。这玉华府别的不说,物价水平特低。低到什么程度？我们来一一分析。

话说唐僧师徒来到玉华府,入城门内,见那大街上酒楼歌馆,热闹繁华。果然是神州都邑。有诗为证。诗曰：

　　锦城铁瓮万年坚,临水依山色色鲜。
　　百货通湖船入市,千家沽酒店垂帘。
　　楼台处处人烟广,巷陌朝朝客贾喧。
　　不亚长安风景好,鸡鸣犬吠亦般般。

诗中"百货通湖船入市",可见玉华是一个水陆码头,而且是一个特产丰富的重要货运码头,"巷陌朝朝客贾喧",更能说明玉华商业经营之人众多,其商业之繁华可见一斑。师徒四人还听得人说,白米四钱一石,麻油八厘一斤,真是五谷丰登之处。

第一,虽然我们不能准确地定量作者所说的一石,相当于现在的多少斤两,但我们可以大概加估计。一说一石就相当于一担,大约是一百市斤；一说一石相当于一百二十斤。当然还有其他说法。我们选择一石一百斤。也就是说白米一百斤只要四钱银子,麻油一斤,只要八厘银子。

第二,我们要厘清换算单位。古代一两相当于十钱；一钱,相当于十厘。

按此方法,也就是100斤白米,只要四钱银子,即0.4两白银。假定银价为70元/两,那么这100斤白米,只需要28元。而我们现在的物价,基本上白米的价格都在2元/斤以上,如此则100斤白米,至少要200元。玉华府的物价只是我们现在物价的14%。足见玉华物价之低。

麻油，也就是香油，目前市面上有多种价格，但一般的香油价格都较高，10元左右是很低的了。玉华府的1斤香油要多少钱呢？8厘，即0.08两白银，70×0.08＝5.6(元)。这是最接近现在的物价水平的物品了，但也只是现在物价的一半左右。

看了粮油，再看猪羊。第八十九回"黄狮精虚设钉钯宴，金木土计闹豹头山"中，孙悟空与猪八戒、沙和尚买了猪羊赶到妖洞之中，行者报账道："买了八口猪，七腔羊，共十五个牲口。猪银该一十六两，羊银该九两。"我们来换算一下。

假设孙悟空买来的猪，每头两百斤，八口猪，十六两银子，也就是一头猪二两银子，折算下来100斤，一两银子。按一两银子70元计算，每头猪140元。现在的物价，肉猪收购，1斤6元左右，6×200＝1 200(元)。从这可见玉华的物价之低。

再看羊。假设买来的羊，每头能宰杀70斤羊肉。七腔羊，九两银，也就是每只羊1.28两银子。1.28×70＝89.60(元)，我们就按90元计算吧。按现在的物价，每斤羊肉大约20元，我们按15元/斤计算，15×70＝1 050(元)。从这番比较，也可以看出玉华的物价之低。

民以食为天。粮油和猪羊都是人民群众的日常生活必需品，也是大众商品，是人人都需要消费的，这些物品的价格，最能反映一个地区的物价水平。

正是由于此处是五谷丰登之处，物产的丰富，供给的充足，商品流通的快捷，同时还有安定的生活，没有战乱等影响，才有可能导致玉华地区的物美价廉，人民群众的丰衣足食。玉华府的老王子有一段话，可以作为旁证。"孤在此城，今已五代，不是大胆海口，孤也颇有个贤名在外；这城中军民匠作人等，也颇惧孤之法度，断是不敢欺心"。也就是说，这玉华府法制清明，君王贤明，为此处百姓的安居乐业，生产发展，提供了良好的外部大环境。

我们现在统计时，时常提到一个"消费者物价指数"，即通常所说的"CPI"，看来当时玉华府的消费者物价指数是很平稳的，涨幅很小，跌幅也很小，均在民众能够接受的范围之内，玉华府的民众对待物价的心态比较平和，从"千家沽酒店垂帘"和"楼台处处人烟广"来看，玉华府的民众主观上体现出来的幸福指数是很高的，也正是这样，才有了"不亚长安风景好，鸡鸣犬吠亦般般"，也才有了"酒楼歌馆，热闹繁华"。

世界上很多国家都经历过通货膨胀物价飞涨，市面萧条人心恐慌的状况。我国解放前也曾有过这样的经历，津巴布韦、委内瑞拉等国曾经或正在经历着这样的痛苦。这时候想一想玉华府，当时玉华府的民众，生活该是多么的幸福。

二十、放贷经营有风险

《西游记》中多次写到过放贷。其中着墨最多的有两次。书中第四十回"婴儿戏化禅心乱,猿马刀归木母空",唐僧师徒经过六百里钻头号山,红孩儿变化成了一个小孩儿被吊在树上,引诱唐僧可怜他,发慈悲心来救他时,就好将唐僧捉去。唐僧果然发了慈悲心,上前问道:"你是那家孩儿?因有甚事,吊在此间?说与我,好救你。"

那妖魔见他下问,越弄虚头,眼中噙泪,叫道:"师父呀,山西去有一条枯松涧。涧那边有一庄村。我是那里人家。我祖公公姓红,只因广积金银,家私巨万,混名唤做红百万。年老归世已久,家产遗与我父。近来人事奢侈,家私渐废,改名唤做红十万,专一结交四路豪杰,将金银借放,希图利息。怎知那无籍之人,设骗了去啊,本利无归。我父发了洪誓,分文不借。那借金银人,身贫无计,结成凶党,明火执仗,白日杀上我门,将我财帛尽情劫掳,把我父亲杀了;见我母亲有些颜色,拐将去做甚么压寨夫人。那时节,我母亲舍不得我,把我抱在怀里,哭哀哀战兢兢,跟随贼寇;不期到此山中,又要杀我。多亏我母亲哀告,免教我刀下身亡,却将绳子吊我在树上,只教冻饿而死。"

这一段话里面,便说得有借贷。放贷经营是有风险的。这红十万将金银借放,希图利息。可惜那无籍之人,设骗了去,导致本利无归。

另一次是第九十七回"金酬外护遭魔蛰,对显幽魂救本原"中,寇员外因送唐僧师徒上路,彩帐花幢,盛张鼓乐,惊动了人眼目,一伙强盗打劫了他家,还赖账到了唐僧师徒身上。唐僧师徒被关到了大牢之中,孙悟空却变做个蟭虫儿,飞了出来,见一个做豆腐的,老头儿烧火,妈妈儿挤浆。那老儿忽的叫声:"妈妈,寇大官人且是有子有财,只是没寿。我和他小时,同学读书。我还大他五岁。他老子叫做寇铭,当时也不上千亩田地,放些租账,也讨不起。他到二十岁时,那铭老儿死了,他掌着家当,其实也是他一步好运。娶的妻是那张旺之女,小名叫做穿针儿,却倒旺夫。自进他门,种田又收,放账又起;买着的有利,做着的赚钱,被他如今挣了有十万家私。他到四十岁上,就回心向善,斋了万僧……"

这做豆腐的老儿一席话,就说了寇家两次放贷的事情。一次是在寇员外父亲寇铭的手上,"放些租账,也讨不起",也就是说,账放出去了,收不回来。不仅赚不到利息钱,本金都有可能打了水漂,收不回来了。第二次在他儿子手上就不同了,运气好。"种田又收,放账又起",也说到了放贷,只要是放出去的贷,都收回来了,当然是连本带利一起收回来的。

放贷经营古已有之,不是《西游记》一书作者所处的年代出现的新生产物,也不是书中所写的唐朝开始的,早在春秋战国时期就有。其中战国四公子之一的孟尝君便是一个放债的高手,他的手下冯煖甚至比他更高明。

孟尝君在薛地放债,让手下的冯煖去收债。冯煖到了薛地之后,首先是尽召欠债之民前来核对,一是核对本金,二是计算利息,当然这都得到了欠债之人的认可。但他并未收债回去,为什么呢?他出来收债时,就问了孟尝君,收债后买什么回去?孟尝君说你看我府里缺少什么,就买什么回来。结果冯煖当众一把火将债券烧掉。回去向孟尝君报告,为他买"义"而归。也就是收买了民心。后来孟尝君落难,到薛地去时,未至百里,民扶老携幼,夹道欢迎,让孟尝君深刻地感受到了冯煖收买之"义"的价值。

现在民间有一系列的假借各种名义进行的非法集资,网上还有不规范的P2P,都是以高息或高额回报为诱饵,吸引民众投资,结果导致了许多问题。

吸收存款发放贷款的规范主体是银行,其经营也有风险。当下我国经济下行压力加大,国家采取了调结构、稳增长、推进供给侧改革等一系列的措施,包括让政策性银行支持企业发展,给予资本金贷款等措施,鼓励商业银行加大对实体经济的投资,特别是小微企业的投资,但收效甚微。为什么呢？他们考虑的就是贷款有风险，必须考虑资金回收的可行性，否则成了坏账，则得不偿失。

  这样的情况导致现在银行看中的都是政府平台类公司、国有大中型企业、实力强劲的上市公司，而这些企业基本都是情况比较好的：有的资金趴在账上，用不出去，正在寻找投资出路；有的自有资金充足，根本不需要银行贷款；而一些实体企业、小微企业正在经历着融资难的痛苦煎熬。这能怨谁呢？银行本就是嫌贫爱富的，只做锦上添花之事，不干雪中送炭的买卖。因为放贷经营有风险啊。

二十一、负债事项须谨记

第四十九回"三藏有灾沉水宅,观音救难现鱼篮"中,唐僧师徒得观音菩萨救难,收了妖怪后,孙悟空要陈家庄百姓寻一只船儿,好过通天河。陈清正准备解板打船,众庄客这个要买桅篷,那个要办篙桨,有的说出绳索,有的说雇水手,正在河边吵闹时,忽听得河中间高叫道:"孙大圣不要打船,花费人家财物。我送你师徒们过去。"众人听说,个个心惊,胆小的走了回家,胆大的战兢兢贪看。须臾,那水里钻出一个怪来,却是一个老鼋。

行者轮着铁棒道:"我把你这个孽畜!若到边前,这一棒就打死你!"老鼋道:"我感大圣之恩,情愿办好心送你师徒,你怎么反要打我?"行者道:"与你有甚恩惠?"老鼋道:"大圣,你不知这底下水鼋之第,乃是我的住宅。自历代以来,祖上传留到我。我因省悟本根,养成灵气,在此处修行,被我将祖居翻盖了一遍,立做一个水鼋之第。那妖邪乃九年前海啸波翻,他赶潮头,来于此处,仗逞凶顽,与我争斗;被他伤了我许多儿女,夺了我许多眷族。我斗他不过,将巢穴白白地被他占了。今蒙大圣至此搭救唐师父,请了观音菩萨扫净妖氛,收去怪物,将第宅还归于我,我如今团圆老小,再不须挨土帮泥,得居旧舍。此恩重若丘山,深如大海。——且不但我等蒙惠,只这一庄上人,免得年年祭赛,全了多少人家儿女,此诚所谓'一举而两得'之恩也!敢不报答?"

原来妖怪在此作怪,不仅仅只让陈家庄一庄老小年年送童男童女,害了一庄之百姓,还害了水下的老鼋一族,伤了他的儿女,占了他的府第。现在这通天河的草根,老鼋,一家老小团圆,得还旧居,自然感恩戴德。一如陈家庄的百姓感恩一样,为什么?因为唐僧师徒一行,解除了他们的痛苦。所以此时老鼋要义务送唐僧师徒过河,来表达他的感激之情。

却说唐僧师徒,驾着白鼋,那消一日,行过了八百里通天河界,干手干脚的登岸。三藏上崖,合手称谢道:"老鼋累你,无物可赠,待我取经回谢你罢。"老鼋道:"不劳师父赐谢。我闻得西天佛祖无灭无生,能知过去未来之事。我在此间,整修行了一千三百余年;虽然延寿身轻,会说人语,只是难脱本壳。万望老师父到西天与我问佛祖一声,看我几时得脱本壳,可得一个人身。"三藏响允道:"我问,我问。"从唐僧的一句响允,可以看出,唐僧不仅仅是答应而已,而且是很爽快的答应,很响亮的答应,也就是承诺了这一事情。这一句响允,便是唐僧承诺的应办事项,是未来唐僧要花费时间与精力,或者说要费口舌去办的事情。其实也可以看成是一笔负债事项,从答应开始即形成。

唐僧师徒历经艰险终于取得真经,回归途中,又来到了通天河畔。还是老鼋送他们过河。老鼋驮着他们,将近东岸,忽然问曰:"老师父,我向年曾央到西方见我佛如来,与我问声归着之事,还有多少年寿,果曾问否?"原来那长老自到西天玉真观沐浴,凌云渡脱胎,步上灵山,专心拜佛及参诸佛菩萨圣僧等众,意念只在取经,他事一毫不理,所以不曾问得老鼋年寿,无言可答;原来他早已将应办事项忘到了九霄云外。却又不敢欺,打诳语,沉吟半晌,不曾答应。老鼋即知不曾替问,他就将身一晃,唿喇的淬下水去,把他四众连马并经,通皆落水。

老鼋和唐僧师徒的交往,原本是一个互惠互利的事情。老鼋送唐僧师徒过河,请唐僧师徒代问关于自己的修行。老鼋的任务已经完成。唐僧明确向老鼋进行了承诺——"响允",即响亮的答应。但事后却又将老鼋的事忘得一干二净。其实只要唐僧将此事放在心上,问一问佛祖,本是轻而易举之事,只是唐僧没将此事放在心上。自然他被老鼋抛到水中,是对他应有的惩罚,谁让你不将负债的应办事项放在心上呢?从会计的角度来说,这笔账唐僧漏记了。假如唐僧将这笔账当做应付账款记录下来,时刻想着欠别人一笔人情债,要去偿还,他还会忘记老鼋的请求吗?

有许多企业在进行资金的筹划时,总是尽量催收应收账款,尽量延迟应付账款的支付。如果都延迟应付账款的支付,甚至如唐僧一般,不将应付账款放在心上,那么应收账款怎样才能收回来呢?所以说,企业要讲诚信。我国自古以来就有"杀人偿命,欠债还钱"的道理,还有"人无信而不立""新年不欠旧年薪""今生不欠来生账",等等。企业也一样。

唐僧欠老鼋一笔人情债,忘记了,严格意义上说,这不光是唐僧一个人的责任。唐僧作为领导,应该向下属明确,由谁来负责记录此事,谁来提醒此事。也就是说,如果取经团队有分工,有记账会计的话,那个记账会计也有责任:一是他未记录此事,二是他未及时提醒领导关注此事。

会计师在审计企业、评估风险时,经常要关注企业高估资产,低估负债的风险。唐僧漏记负债不是有意为之,还情有可原,有的企业刻意为之,会计师便要高度关注了,不然随时会有如唐僧一样翻船的风险。

企业破产便是由于企业经营不善,不能清偿到期债务而引起的。如果企业对负债事项不重视,不谨记,不偿还,很有可能像唐僧师徒一样,有被掀翻的可能。如果是个人,对负债事项不重视,不谨记,很有可能被当成老赖。现在国家加强了对老赖的处罚力度,曝光老赖们的行径,将老赖们列入黑名单,坐飞机、高铁等可能都会受到限制,这些措施,已经让老赖们无处遁形。所以不论是个人,还是企业,负债事项一定要谨记!

二十二、关联与关联交易

　　《西游记》一书中第三十四回"魔王巧算困心猿，大圣腾挪骗宝贝"中，唐僧师徒经过平顶山莲花洞时，那银角大王，拿住了一个孙行者。不一会，洞外又来了一个叫战的，叫什么"者行孙"，他也被妖怪拿住了。妖怪还没来得及高兴，不想洞外再来一个叫战的，叫什么"行者孙"。这时连妖怪银角大王都说，好似捅了猴子窝似的，来了一窝猴子。其实，这一窝猴子，就是孙行者一个人，其他"者行孙"也好，"行者孙"也罢，都是他人为制造出来的一个关联方，这和我们的现实社会有很多的类似。

　　我们首先来看关联方。关联方一般是指有关联的各方，关联方关系是指有关联的各方之间存在的内在联系。两方或多方形成关联方关系通常具有的特征包括：

　　（1）关联方涉及两方或多方。关联方关系必须存在于两方或多方之间，任何单独的个体不能构成关联方关系。

　　（2）关联方以各方之间的影响为前提，这种影响包括控制或被控制、共同控制或被共同控制、施加重大影响或被施加重大影响。

　　（3）关联方的存在可能会影响到交易的公允性。

　　企业在日常经济活动中，必然涉及众多供应商、代理商等，在不存在关联方关系的情况下，企业间发生交易时，往往会从各自的利益出发，一般不会接受不利于自身的交易条款，这种交易视为公平交易。但如果存在关联交易的情况下，关联方之间的交易可能不会建立在公平交易的基础上。

　　孙行者、者行孙、行者孙，就是关联方，他们都受孙行者控制，是孙行者变化出来的三个化身，孙行者能对他们施加重大影响。现实社会中,也有这样的情况,例如一个人开设多家企业或公司,这些公司就是孙行者、者行孙、行者孙的关系。

在关联方与关联关系中,有两个重要的概念。

一是控制。控制是指有权决定一个企业的财务与经营政策,并能够以从该企业的经营活动中获取利益。一般以母公司与子公司的形式出现。共同控制是指按合同约定对某项经济活动所共有的控制,共同控制各方中的任何一方都不能够单独作出决定,一般以合营形式出现。

书中的孙悟空、猪八戒、沙和尚3个人,都是唐僧的徒弟,都受唐僧控制,他们便也是关联方。将他们关联在一起的,便是西天取经这一宏观战略,实施者是唐僧。

二是重大影响。重大影响指对一个企业的财务和经营政策有参与决策的权力,但并不决定这些政策。参与决策的途径主要包括:在董事会或类似的权力机构中派有代表;参与政策的制定过程;互相交换管理人员;或使其他企业依赖于本企业的技术资料等。当一方拥有另一方20%或20%以上至50%表决权资本,或者一方虽然只拥有另一方20%以下表决权资本,但实际上具有参与财务和经营决策的能力,一般认为对另一方具有重大影响,重大影响一般以联营企业形式出现。

书中观音菩萨虽然没有亲自参加取经团队,和他们一起前往西天取经,但她无论是对取经团队,还是取经事项,都施加了重要影响,每有危难时,总离不开她的身影。观音菩萨也是西天取经团队的重要关联方。

形成关联方的目的是为了进行关联方交易。关联方交易是指在关联方之间转移资源或义务的事项,而不论是否收取价款。关联方之间资源和义务的转移价格是了解关联方交易的关键。关联方交易的主要类型包括:购买或销售商品;购买或销售除商品之外的其他资产;提供或接受劳务;代理;租赁;提供资金;担保或抵押;管理方面的合同;研究与开发项目的转移;许可协议;关键管理人员报酬等。

现实社会中,有许多利用关联方进行关联交易,以掩饰其真实意图来达到转移利润、逃税避税甚至逃废债务等目的。例如,企业间通过关联方低价买入原材料,高价卖出产品等手段,形成高额利润,粉饰财务报表;又如,企业高管,利用职务便利、内幕消息,通过重要影响,向关联方输送利益,然后分享好处等。

  如何识别关联方及关联关系,从形式上,可以分析其是否具有控制或共同控制关系,是否具有重大影响等,但要从实质上辨别,主要分析交易是否建立在公平交易的基础之上。只要是建立在公平交易基础之上的交易,即使有前面的形式上的关系如控制、共同控制或重要影响,也可以认定为公平交易,而不是关联交易。

  为什么书中孙悟空大闹天空时,那么神勇,而在取经途中却如此艰难?原因之一,便是因为关联关系:这个神那个圣的弟子、坐骑下凡,还带了主人的宝贝,背后有高人支撑,有保护伞。显然这不是公平交易上的竞争。自然唐僧师徒取经,要受九九八十一难,也就不足为奇了。

二十三、非货币资产交换

《西游记》一书中第三十三回"外道迷真性,元神助本心"中,讲到唐僧师徒路过平顶山莲花洞,除孙悟空压在山下外,其他3人都被银角大王捉到洞中去了。金角大王、银角大王吩咐两个小妖,一个精细鬼,一个伶俐虫,拿了两件宝贝,一个宝葫芦,一个羊脂玉瓶,去将孙悟空装了回来。而孙悟空早从山下脱身出来,看了两个小妖的宝贝,心想将其骗了过来,于是自己用毫毛变了一个紫金葫芦,还诓他们,这个葫芦是能装天的。精细鬼与伶俐虫便想用两个宝贝换他这一个宝贝。孙悟空假装蓬莱仙人,弄了一通手段,果然骗得两个小妖认为宝贝能够装天,毅然决然地和孙悟空进行了交换。

这个故事里面,也隐含有财会元素,即非货币性资产交换。让我们来一一分析。

非货币性资产交换是一种非经常性的特殊交易行为,是交易双方主要以存货、固定资产、无形资产和长期股权投资等非货币性资产进行的交换。

从非货币性资产交换的定义可以看出,在进行非货币资产交换时,企业取得一项非货币性资产,必须以付出自己所拥有的非货币资产作为代价。

故事里面,精细鬼与伶俐虫同孙悟空进行了交换,两个小妖拿一个葫芦,一个玉瓶,换了孙悟空一个大的可以装天的紫金葫芦。双方交换的都是物,即非货币资产。至于所交换的物的价值是多少,书中没有交待,但至少精细鬼与伶俐虫认为交换是值得的,当然孙悟空认为交换也是值得的。也就是说,交易双方认可交换的物是等价值的。

在会计处理方面,交易的双方均应反映为两笔经济业务。第一笔业务是换出资产的处理。如为存货,应当视同存货销售处理;如为固定资产、无形资产的,应当视同固定资产、无形资产处置处理;如为长期股权投资的,应当视同长期股权投资处置处理。第二笔业务是换入资产的处理。这两笔业务均涉及换出、换入的资产的价值的认定问题。

如孙悟空,对换出的装天的葫芦的价值,他心里清楚那是自己身上的毫毛,自然价值也好认定。这是一般在非货币资产交换中,双方对自身换出的资产价值认定好办。主要是换入的资产的认定问题。孙悟空怎样认定两个小妖换给自己的宝贝的价值呢? 孙悟空早已从山神、土地以及两个小妖的对话中,知道了两个宝贝的作用,当然也可以大致估价了。会计处理原则方面,即要确定交换资产的公允价值。

而精细鬼与伶俐虫就不好估价他们换入的装天的葫芦这一资产的价值了。虽然他们亲身经历了葫芦装天的过程,认定了这是一个宝贝。因为这个换入的葫芦不存在同类或类似资产可比市场交易,确认资产的价值只能采取估值技术。会计准则要求,采用估值技术确定的公允价值估计数的变动区间很小,或者在公允价值估计数变动区间内,各种用于确定公允价值估计数的概率能够合理确定。这个可就要难倒精细鬼与伶俐虫两个小妖了。

在换入资产和换出资产的公允价值都无法可靠计量的时候,应当以换出资产的账面金额和应支付的相关税费作为换入资产的成本。所以两个小妖虽然不清楚装天的葫芦的价值,但自己两个宝贝的价值是知道的,所以他们如果要记录换入装天的葫芦的价值,就只能以自己的两个宝贝的价值来进行记录了。

当然这是在等价的情况下进行的非货币性资产交换,还有不等价的情况,即涉及补价。一般认为,如果补价占整个资产交换金额的比例低于25%,则认定所涉及的补价为"少量",该交换为非货币性资产交换;如果该比例等于或高于25%,则视为货币性资产交换。好在孙悟空没有刁难精细鬼与伶俐虫两个小妖,没有漫天要价,要不他说我这装天的葫芦比你两个宝贝的价值要高,你还要给我找个补价什么的,那可真要难死两个小妖怪了。至于补价,孙悟空要多还是要少,都不重要了，因为孙悟空与两个小妖都无法确定装天的葫芦的价值以及妖怪的两个宝贝的价值，自然也就无法确定是否高于或是低于25%这一比例，来确定是否为非货币性资产交换了。

  孙悟空假装的蓬莱仙人一走，两个小妖用葫芦来装天，便不灵验了。后来孙悟空干脆将毫毛收上身去，两个小妖成了竹篮打水一场空。读者要详细了解非货币性资产交换，请学习《企业会计准则第7号——非货币性资产交换》，此文只是一种类比。

二十四、会计信息有要求

《西游记》一书中第三十二回"平顶山功曹传信,莲花洞木母逢灾",写到唐僧师徒走到了平顶山,因为功曹传信,说这山的妖怪厉害,提醒唐僧师徒小心在意,于是唐僧要八戒去巡山。这八戒巡山完全没有当回事,躲藏在草丛中睡了一觉,预先编造什么石头山、石头洞、铁叶门、有妖精的话,准备来欺骗唐僧及孙悟空。不料孙悟空知道八戒偷懒,暗中跟踪,已知道他要说的谎话,回去事先告诉了唐僧。等八戒回来后,唐僧问:"可有妖怪么?",八戒道:"有妖怪! 有妖怪! 一堆妖怪哩!"唐僧道:"怎么打发你来?"八戒说:"他叫我做猪祖宗,猪外公,安排些粉汤素食,教我吃了一顿,说道,摆旗鼓送我们过山哩。"后面孙悟空问道:"是甚么山?"八戒果真答道:"是石头山。""甚么洞?"道:"是石头洞。""甚么门?"道:"是钉钉铁叶门。"

这一回书将八戒巡山偷懒,悟空跟踪监督的情形描绘得极其精妙。唐僧师徒走到平顶山,已经得到了功曹的传信,说这山中有厉害的妖怪,要唐僧师徒小心。等于已经提供了与平顶山相关的会计信息,但这信息只是道听途说的,到底真实情况如何,作为取经团队这一会计主体,必须自己弄清楚才行。所以唐僧才命八戒去巡山,希望他打探回平顶山真实可靠的妖怪信息。这就涉及了会计信息质量的问题。

会计信息质量要求是对企业财务报告中所提供会计信息质量的基本要求,是使财务报告中所提供的会计信息对投资者等信息使用者决策有用应具备的基本特征。它主要包括可靠性、相关性、可理解性、可比性、实质重于形式、重要性、谨慎性和及时性等。

唐僧师徒要过平顶山,须对平顶山这一地理环境详细了解,值日功曹化装成樵夫,已经告诉他们:此山径过有六百里远近,名唤平顶山。

山中有一洞,名唤莲花洞。洞里有两个魔头,他画影图形,要捉和尚;抄名访姓,要吃唐僧。那妖怪随身有五件宝贝,神通极大极广,必须小心在意。

而八戒巡山回来,全部提供的是假信息,没有一个是能起作用的。什么石头山、石头洞、铁叶门,一堆妖精等鬼话,全部不符合会计信息的质量要求。首先说其可靠性,真实方能可靠,八戒杜撰的信息肯定不真实也不可靠了;再看相关性,相关是说的信息对使用者有用,这一堆假信息对师徒过山丝毫作用也没有;可理解性,妖怪还那么好,叫他猪祖宗、猪外公,还请他吃了一顿,哪有那么好的妖怪? 根本不可理喻……所以孙悟空戳穿了八戒的谎言,让他重新巡山,打探回真实可靠的信息。

我们再来看对方的会计信息质量做得怎么样。莲花洞中实有两个妖精,一唤金角大王,一唤银角大王。金角大王要与银角大王去巡山时,银角问起原因,金角大王道:"你不知。近闻得东土唐朝差个御弟唐僧往西方拜佛,一行四众,叫做孙行者、猪八戒、沙和尚,连马五口。你看他在那处,与我把他拿来。"银角说要吃人,哪里没有,为什么偏要吃这些人时,金角道:"你不晓得。我当年出天界,尝闻得人言:唐僧乃金蝉长老临凡,十世修行的好人,一点元阳未泄。有人吃他肉,延寿长生哩。"为了让银角不抓错了人,金角又道:"兄弟,你有些性急,且莫忙着。你若走出门,不管好歹,但是和尚就拿将来,假如不是唐僧,却也不当人了。我记得他的模样,曾将他师徒画了一个影,图了一个形,你可拿去。但遇着和尚,以此照验照验。"又将某人是某名字一一说了。

从这一段话中,可以看出金角提供的会计信息质量。第一真实可靠:唐僧师徒一行四众,连马五口,确实要到西天取经,目前已经到了平顶山;第二信息有用相关:抓住他们,吃了唐僧可以长生;第三可理解性:唐僧是金蝉转世,十世修行的好人,元阳未泄,所以才吃了长生不老;可比性:金角告诉银角,不要所有的和尚都拿来,这几个和尚与其他的和尚不同,他曾将唐僧师徒画了一个影,图了一个形,银角只须对照图形捉拿就行;谨慎性:拿着图形对照,不怕你跑了;及时性:金角要和银角去巡山，就是要及时抓住唐僧师徒，以免他们过了平顶山自己还不知情，那时便悔之晚矣。可见金角大王对会计信息质量的重视。

  果然金角大王对会计信息质量的重视收到了效果，他安排银角去巡山，正好遇到了巡山的八戒。银角及手下的小妖怪对着图形一看，确认了是猪八戒后，将他捉回山洞请赏去了。妖怪们很快就从得到的正确的会计信息中收到了好处与回报，而不重视会计信息质量的猪八戒这下可倒了大霉，不知道妖怪们是要将他蒸着吃，还是煮着吃，抑或是烤着吃了。

二十五、渔樵互夸看可比

《西游记》一书中第九回"袁守诚妙算无私曲,老龙王拙计犯天条",写道长安城外泾河岸边,有两个贤人:一个是渔翁,名唤张稍;一个是樵子,名唤李定。他两个是不登科的进士,能识字的山人。一日,在长安城里,卖了肩上柴,货了篮中鲤,同入酒馆之中,吃了半酣,各携一瓶,顺泾河岸边,徐步而回。张稍道:"李兄,我想那争名的,因名丧体;夺利的,为利身亡;受爵的,抱虎而眠;承恩的,袖蛇而走。算起来,还不如我们水秀山青,逍遥自在;甘淡泊,随缘而过。"李定道:"张兄说得有理。但只你那水秀,不如我的山青。"张稍道:"你的山青不如我的水秀。"

于是渔樵两人各自谈论起自己所从事行业的好处,进行了一番细致的比较,这一番对比,如果运用到会计中,就涉及了会计信息质量要求中的可比性原则。

可比性原则要求企业提供的会计信息应当相互可比。主要包括两层含义。

可比性原则的第一层含义是不同企业的相同会计期间可比。可比性要求不同企业同一会计期间发生的相同或者相似的交易或事项,应当采用规定的会计政策,确保会计信息口径一致、相互可比,以使不同企业按照一致的确认、计量和报告要求提供有关会计信息。

书中说的相当于两个不同企业了,一个是樵夫,一个是渔夫。但两人的信息是可比的,一个说山青,一个说水秀,都是从环境形态上来进行的比较;一个说山青特产丰富,一个说水秀水乡富饶,都是说的特产进行比较;一个说山林可爱,一个说水上快活,都是进行的劳动生活场景的比较;一个说山青更幽雅,一个说水秀更幽雅,都是从幽雅进行的比较;一个说山中闲中好时节,一个论水上闲中好时节,都是从闲中好时节来进行的比较。

这渔夫与樵子两人的比较,基本上口径一致,说山青水秀,讲的都是所处的自然环境,论水上快活,山林可爱,都是对劳动生活进行的比较,渔夫有闲中好时光,樵子也有闲中好时节,既然口径一致,相互就有可比性,自然也体现了渔樵两个行业的不同的特征,但也有共性,山林幽雅,水乡也幽雅;山中有闲时好时光,水上也有闲中好时节。

如果是同一行业,通过不同企业同一期间的对比,可以分析企业与同行业的差距:客户满意度、市场占有率、产品性价比、平均利润率等,找出差距,在比较中学习前进。

如果是不同的行业,虽然有隔行如隔山之说,但在市场经济条件下,一个行业如果长期处于高利润区间,则肯定会吸引越来越多的投资者加入这一行业,而如果一个行业长期处于亏损或低迷状况,则投资者会纷纷逃离这一行业,转而投向其他高利润高回报的行业。这是不同行业之间的比较。

回到前面,渔夫张稍说的:争名的,因名丧体;夺利的,为利身亡;受爵的,抱虎而眠;承恩的,袖蛇而走。算起来,还不如我们水秀山青,逍遥自在;甘淡泊,随缘而过。这就是从不同的行业对比中得出的结论,所做的选择。

可比性原则的第二层含义是同一企业不同时期的对比。为了便于投资者等财务报告使用者了解企业财务状况、经营成果和现金流量的变化趋势,比较企业在不同时期的财务报告信息,全面、客观地评价过去、预测未来,从而作出决策,会计信息质量的可比性要求同一企业不同时期发生的相同或者相似的交易或者事项,应当采用一致的会计政策,不得随意变更。但是,会计信息可比性的要求,并非表明企业不得变更会计政策。如果按照规定或者在会计变更后提供更可靠、更相关的会计信息的,可以变更会计政策。有关会计政策变更的情况,应当在会计报表附注中予以说明。

如果将这一原则还运用到渔夫与樵子的对比之中就不合适了,只能渔夫自己和自己比,樵子自己和自己比。只不过要比的是不同的时期了。比如渔夫自己要比春夏秋冬四时渔夫水上不同的快乐,水上不同的幽雅,秀水之上闲中不同的好时节。而樵子也要自己比春夏秋冬四时樵夫山林之中不同的快乐,山中不同的幽雅,青山之中闲时不同的好时节。

当然还可以对比得长远一点,渔夫今年的收成与去年比,与前年比,哪一年收成最好,哪一次捕鱼最多,哪一次捕鱼最大,抑或哪一年收成最差。樵夫自然也可以与自己的往年相比。

企业通过不同时期的对比,可以清晰地发现企业的发展或是衰败轨迹,抑或其异常波动的现象,分析其原因,可以针对性地采取措施,防范企业的衰败或异常波动,让企业处于良性发展的正常轨道。也就是全面、客观地评价过去、预测未来,从而作出决策,以利于企业的未来。

二十六、唐僧受难轻谨慎

唐僧师徒取经途中历经磨难,遇到了许许多多的妖怪。作为大师兄的孙悟空基本每次都能在第一时间,发现险情,提示风险,让取经团队做好应对风险的准备。

例如,唐僧师徒经过平顶山莲花洞时,那银角大王,在大路旁装做个跌折腿的道士,欺骗唐僧。孙悟空早就看出来了,也提醒了唐僧。但那妖怪知道来硬的不行,斗不过孙悟空,心想只可以善去感他,赚得他心与我心相合,却就善中取计。果然唐僧一片慈悲之心,放松了警惕,中了银角大王的奸计,被他捉到了妖洞之中。

又如,唐僧师徒经过六百里钻头号山时,孙悟空看到一片红云,忙将唐僧推下马来,叫:"兄弟们,不要走了,妖怪来矣。"警惕性何等之高。连妖怪红孩儿也是以心问心的自家商量道:"若要倚势而擒,莫能得近;或者以善迷他,却到得手。"于是进行了一番变化。等唐僧近前一看,却是个小孩童,赤条条的,吊在那树上。这又让唐僧起了慈悲之心,去了谨慎之意,结果又中了妖怪的诡计,被妖怪擒拿而去。

再如,书中第八十回"宅女育阳求配偶,心猿护主识妖邪"中,唐僧师徒遇到了陷空山无底洞的老鼠精,忽然见林南下有一股子黑气,骨都都的冒将上来。行者大惊道:"那黑气里必定有邪了;我那八戒、沙僧却不会放甚黑气。……"这时孙悟空充满了谨慎,可那妖怪一经变化,唐僧近前视之,只见那大树上绑着一个女子,上半截使葛藤绑在树上,下半截埋在土里。更兼一番虚情假意的花言巧语,听得有慈悲之心的唐僧忍不住吊下泪来,声音哽咽。自然此时也去了谨慎防范之心。

现实社会中,2008年美国两大金融抵押机构房利美和房地美崩盘震撼全球,并成为导火索引发全球金融危机的爆发。究其根源,便是两房公司未实施谨慎性原则。据有关媒体报道，国内的某些机构竟然也大量持有两房公司的债券。当然这些持有两房公司债券的公司与企业肯定也会深受未实行谨慎性原则之害。

上面的事例，都说明了谨慎性原则的重要性。会计信息质量要求中的谨慎性原则，要求企业对交易或者事项进行会计确认、计量和报告应当保持应有的谨慎，不应当高估资产或者收益，低估负债或者费用。

因为在市场经济环境下，企业的生产经营活动面临着许多风险和不确定性。会计信息质量的谨慎性要求，需要企业在面临不确定性因素的情况下作出职业判断时，应当保持应有的谨慎，充分估计到各种风险和损失，既不高估资产和收益，也不低估负债或者费用。例如，要求企业对可能发生的资产减值损失计提资产减值准备、对售出商品可能发生的保修义务等确认预计负债等，都充分体现了会计信息质量的谨慎性原则。

谨慎性原则的要求，对会计人员的要求比较高，需要会计人员要有敏锐的职业判断，要保持应有的谨慎，充分估计到各种风险和损失。不可高估资产也可以理解为不能高估自己应对风险的能力，对形势与前景过份乐观；不可低估负债与费用，也可以理解为不能低估未来的潜在风险带来的危害与严重程度，造成的后果等等。这是对企业自身而言的。

还有对外界的。如果是审计部门，或者监管部门，或者是要利用会计报表的单位及个人，如何保持谨慎性原则一样重要。特别是现代社会，市场经济之下，各种风险都如银角大王、红孩儿、老鼠精一样，变化了他们的自身形态，通过改头换面的形态出现在公众的面前，而且表现出来的，让人不引起怀疑的，往往是利用公众的善良心态，借此得逞。这就需要我们时刻保持清醒的头脑、高度的警惕，不被表象所迷惑，要能看清表象下的实质，具有职业谨慎性，能够去伪存真，还原事实与真相，然后决定应对的策略与措施，而不是根据表象轻易进行决策。

谨慎性原则除了表现在具体的会计事项的处理中，还表现在会计人员的职业特征之中。这需要财会或是审计人员在实际工作中，逐步培养自己的职业敏感性，一如孙悟空练就火眼金睛一般，需要一个过程，这可能要在太上老君的八卦炉中修炼七七四十九天。当然这四十九天是虚指，言其过程之长。

  唐僧在过通天河时，心情是好的，想早点到西天，早点完成取经任务。恰好此时妖怪作法，将通天河冰冻住了。唐僧就没有了谨慎性，按常理和季节推算，应该那个时节还不至于下如此大的雪，将河水冻得那样深，连人都可在上面行走。失去了职业敏感性的唐僧，不被妖怪捉走才怪呢。

  目前，我国经济形势已经步入新常态，在三期叠加需要转型升级的重要时期，更要保持清醒的头脑，牢记谨慎性原则，高度警惕类似于美国两房公司乐观估计的房地产泡沫，吸取历史的深刻教训，认真做好房地产等行业去库存、去泡沫、去杠杆、去负债的工作，让经济发展步入良性的可持续发展的轨道上来。

二十七、救苦救难须及时

会计信息质量要求中的及时性原则,要求企业对于已经发生的交易或者事项,应当及时进行确认、计量和报告,不得提前或者延后。

为什么要及时进行确认、计量与报告,不得提前或者延后呢?很明显,"延后"是"过后的雨,不得谷",是典型的"马后炮",那么"提前"呢?如果是未确认的收入,提前确认,很有可能就违背了谨慎性原则,可能会导致或有损失,等等。

其实《西游记》中唐僧师徒西天取经,每当出现危难之时,总会有及时的解救信息出现,以帮助唐僧师徒摆脱危难。这些就是及时性原则的典型案例。

书中第四十九回"三藏有灾沉水宅,观音救难现鱼篮"中,观音菩萨收了金鱼精,悟空、八戒不知,询问情况时,菩萨道:"他本是我莲花池里养大的金鱼。每日浮头听经,修成手段。那一柄九瓣铜锤,乃是一枝未开的菡萏,被他运炼成兵。不知是那一日,海潮泛涨,走到此间。我今早扶栏看花,却不见这厮出拜。掐指巡纹,算着他在此成精,害你师父,故此未及梳妆,运神功,织个竹篮儿擒他。"观音未梳妆,便去织竹篮,要收金鱼精,当然是她掐指巡纹,及时算出了信息,并采取了应对措施,织竹篮儿擒他。

第七十三回"情因旧恨生灾毒,心主遭魔幸破光"中,唐僧师徒在黄花观中毒之后,孙悟空正在茫然无措时,救星便及时出现了。这个指点迷津之人,便是黎山老姆。及时指点悟空道:"听我说:此处到那里有千里之遥。那厢有一座山,名唤紫云山。山中有个千花洞,洞里有位圣贤,唤做毗蓝婆。他能降得此怪。"

黄花观主,也就是那蜈蚣精的毒药相当厉害:药倒人,三日之间,骨髓俱烂。若不是黎山老姆及时指点,加上悟空一个筋斗十万八千里,来去迅速,只怕也救不得唐僧。

第八十三回"心猿识得丹头,姹女还归本性"中,孙悟空查得陷空山无底洞的老鼠精乃是托塔天王李靖的女儿时,便要上天打官司。这回书中,完全是孙悟空占理,打官司肯定也是赢。但和事佬金星在旁边说了一句话:"'一是官司十日打。'你告了御状,说妖精是天王的女儿,天王说不是,你两个只管在御前折辩,反复不已,——我说天上一日,下界就是一年。这一年之间,那妖精把你师父,陷在洞中,莫说成亲,若有个喜花下儿子,也生了一个小和尚儿,却不误了大事?"行者低头想道:"是啊!我离八戒、沙僧,只说多时饭熟、少时茶滚就回;今已弄了这半会,却不迟了?……"所以他及时调整,立即改变了策略。如果拖的话,打官司,民间还有"吃了原先吃被告"一说,当真唐僧与妖精儿子都生出来了,那时就悔之晚矣。这一节,很好地体现了及时性原则。

现在提倡的业财融合,就很好地体现了及时性原则。所谓的业财融合,就是业务与财务的融合,在第一时间,将业务信息转化为财务信息,以适应现在瞬息万变的市场经济。

观音菩萨如果明知道是金鱼作怪,不预先准备,依然按部就班地等悟空来汇报,精心梳妆打扮后再出发,只怕唐僧早已被金鱼精吃掉了。即使有本领去救唐僧,那也是"迟来大师""迟到的爱",没有任何作用了。

黄花观主的毒药,如果不及时解救,唐僧肯定毒发身亡,黎山老姆指点迷津甚是及时!还有一次,唐僧师徒吃了母子河的水,如果没有"落胎泉"的水及时解胎,只怕小唐僧都要生出来了。这些都体现了及时性原则的重要性。

孙悟空打官司一节,更能体现及时性原则的重要性。如果孙悟空一味强调打官司,而忽略及时性原则,很有可能就失去了解救唐僧的机遇。这个机会稍纵即逝。

及时性原则体现在当今财务的一个重要方面,便是会计信息化的建设。当下的云计算、大数据、财务共享中心等,都是会计信息化建设的成果,已经被迅速地运用到会计实务之中,已经给许多企业带来了发展的机遇,一如天庭之上的千里眼、顺风耳,经常被玉皇大帝运用一样,因为玉皇大帝早就尝试到了千里眼、顺风耳这种及时性所带来的便利,所以运用起来,得心应手。

　　社会越发展,信息越重要,而如何将重要的业务信息及时转化为财务信息则成了财务人员的必修课。如果财务人员都具备了千里眼、顺风耳的本领,迅速让业财融合,及时将有用的业务信息,转化为财务信息,并果断采取措施,那么企业一定会在市场经济的大潮中占得先机,引领风骚。

二十八、相关可靠最重要

会计信息质量要求中的重要性原则,要求企业提供的会计信息应当反映与企业财务状况、经营成果和现金流量有关的所有重要交易或者事项。

会计信息浩瀚如海,如何在财务报告中体现重要性原则,这需要会计人有自己的判断,具有职业敏感性,在众多的会计信息中披露重要的信息。《西游记》中,有许多进行重要性披露的案例。

书中有两个故事,一前一后,都和万僧有关。一是"杀万僧",二是"斋万僧"。

第八十四回"难灭伽持圆大觉,法王成正体天然"中,观音化成老母指点唐僧师徒道:"那里去,有五六里远近,乃是灭法国。那国王前生那世里结下冤仇,今世里无端造罪。二年前许下罗天大愿,要杀一万个和尚。这两年陆陆续续,杀够了九千九百九十六个无名和尚,只要等四个有名的和尚,凑成一万,好做圆满哩。"

第九十六回"寇员外喜待高僧,唐长老不贪富贵"中,寇员外接待唐僧师徒一行,笑吟吟地道:"弟子贱名寇洪,字大宽,虚度六十四岁。自四十岁上,许斋万僧,才做圆满。今已斋了二十四年,有一簿斋僧的账目。连日无事,把斋过的僧名算一算,已斋过九千九百九十六员。只少四众,不得圆满。今日可可的天降老师四位,完足万僧之数,请留尊讳。好歹宽住月余,等做了圆满,弟子着轿马送老师上山。此间到灵山只有八百里路,苦不远也。"

其实前面的"杀万僧"也好,后面的"斋万僧"也罢,最关键的不是表象"斋"与"杀",而是表象后面的实质,这才是最重要的。为什么要"杀万僧",原因是僧谤了皇帝。"斋万僧"的理由更简单,无非是礼佛向善,却也包含有求取虚名的意思在里面。表象后的实质,与"杀万僧""斋万僧"相关。也就是说,在判断重要性时,要关注相关性。

第十六回"观音院僧谋宝贝,黑风山怪窃袈裟"中,观音院僧炫耀他的袈裟之多、之精、之美时,叫道人开库房,头陀抬柜子,就抬出十二柜,放在天井中,开了锁,两边设下衣架,四围牵了绳子,将袈裟一件件抖开挂起,请三藏观看。果然是满堂绮绣,四壁绫罗!但这些都是普通袈裟,抵不上唐僧的一件袈裟重要。

其实重要不重要,都是人为判断的。唐僧的袈裟重要,是老院僧判断的。假如没有见财起意的心,假如老院僧已经是得道高僧,已经有大修为,将其看作是一件普通的袈裟,自然它便不具有重要性了。

至理名言,可以说是"一句顶一万句",这便体现了重要性原则。为什么说"一句顶一万句"呢?无非是它浓缩了道理。《西游记》中就有一句浓缩的经典。行者对唐僧道:"佛在灵山莫远求,灵山只在汝心头。人人有个灵山塔,好向灵山塔下修。"三藏道:"徒弟,我岂不知?若依此四句,千经万典,也只是修心。"行者道:"不消说了,心净孤明独照,心存万境皆清。差错些儿成惰懈,千年万载不成功。但要一片志诚,雷音只在眼下。似你这般恐惧惊惶,神思不安,大道远矣,雷音亦远矣。且莫胡疑,随我去。"那长老闻言,心神顿爽,万虑皆休。这里,"千经万典,也只是修心"便是一句顶一万句的重要说明。

唐僧师徒要过火焰山,孙悟空一调、二调、三调芭蕉扇,目的就是过火焰山。这里面最重要的是借到芭蕉扇,与其相关的是铁扇公主的老公牛魔王,铁扇公主打不过孙悟空,她认为可靠的是牛魔王。结果牛魔王这个重要的可靠的人物的重要环节牛鼻子被哪吒捏住了,铁扇公主不得不交出芭蕉扇。这就体现出了重要性的原则。

会计信息质量要求中的重要性原则,要求在披露重要的会计信息时,要和相关性相结合,也要和可靠性相结合。企业的交易或者事项是否重要,一看量,数量大,金额大,按常理是重要的;二看性质,性质严重、敏感,也应该可以列入重要性之中;当然关联关系、关联交易、可能导致损失的未决诉讼、或有损失等,也应该是重要事项。

重要性原则需要会计人员的职业判断,需要他们通过"杀万僧"与"斋万僧"的表面现象,看透经济事项的实质;需要他们在千万件袈裟中挑选最重要的一件;需要在千经万典中,进行修心。如果会计人员都能像哪吒一样,抓住牛魔王的牛鼻子,那么他们在进行会计信息披露时,一定能很好地贯彻执行重要性原则。

二十九、猴年马月与分期

按中国农历的说法,2016年是猴年。猴年之中的12个月中,又有1个月是马月。中国人在口头俗语中,当某项事情遥遥无期,毫无指望时,便形容说:这事情,即使等到猴年马月,也不知道能不能办成。但不管多长的期限,都有一个限度,也就是我们可以将其看成是一个区间。比如人们常说的猴年马月,2016年就真的来临了。会计核算也一样,也有不同的期间划分。

第一看日清月结。日清月结是出纳员办理现金出纳工作的基本原则和要求,也是避免出现长款、短款的重要措施。所谓日清月结,就是出纳员办理现金出纳业务,必须做到按日清理,按月结账。这里所说的按日清理,是指出纳员应对当日的经济业务进行清理,全部登记日记账,结出库存现金账面余额,并与库存现金实地盘点数核对相符。这可不仅仅只是出纳的事情,这也是会计的事情,会计要对出纳的日清月结进行监督与鉴证,这也是日清月结中必不可少的一环。这一规章制度,已经成了最普通的常识,深入会计人的生活之中。

第二看月初月尾。一般月初月尾、年头岁尾,都是会计人最忙的期间,为什么?结账、扎账、报表、报税,都是这一期间。如果说日清月结主要是出纳会计的事宜,那么月终的结账、扎账主要是记账会计的事情了。如果是大企业、业务多,有的还细分了诸如成本会计、税务会计等。账务处理完毕后,自然可以出报表了。月初报税,一般是税务会计的事宜,自然税务会计要将所有的税务事项了如指掌才行。当然小企业记账会计、成本会计、税务会计都是一体的,一个人兼任的。向管理层报送报表则一般成了财务经理的工作,财务经理除了报送报表,还有解释的义务,当领导对报表有疑问的时候,财务经理必须负责解答。财务经理只有对财务事项清楚明了,才能做到胸中有数。

第三看季度与半年。会计工作或者税务工作,有许多是以季度为期间进行考核或结算的。例如小规模纳税人的所得税,便是按季度申报预缴的;有的企业预算的考核与调整也是以季度为期间进行的;有的企业绩效考核也是以季度为期间进行的。涉及季度的规划、分析、考核与调整等等内容。半年考核,以及上市公司的半年报披露,更是将半年作为了一个重要的会计期间。

第四看年度。年度的工作更多了,上一年度决算的编制,上一年度的绩效考核,本年度预算的编制(包括年度资金需要量的预测、销售预算、成本预算、费用预算等等),年度报表的审计与披露,年度所得税的汇算清缴,年度财务工作总结,年度财务综合分析等等,要做的工作数不胜数。

以上期间,可以看成是短期的。3~5年的财务规划,则可以看成是中期规划了。例如,新的预算法,提出了编制财政三年滚动预算的要求。更远一点的,5~10年的规划,或是更长远一些的,则可以看成是远期规划了。这一分期,主要要对财务战略进行宏观规划。国家层面的,如"十三五"规划,就是典型代表。企业也可以根据自己的发展情况编制具有自身特色的中长期战略规划。

看了国内的,再看国外的。并不是所有的国家所实行的会计年度都是以公历年度为准的。例如,美国的会计年度,便是从公历的10月到次年的9月。采用10月至次年9月制的还有:海地、缅甸、泰国、斯里兰卡等。采用4月至次年3月制的有:丹麦、加拿大、英国、纽埃岛、印度、印度尼西亚、伊拉克、日本、科威特、新加坡、尼日利亚等。采用7月至次年6月制的有:瑞典、澳大利亚、孟加拉国、巴基斯坦、菲律宾、埃及、冈比亚、加纳、肯尼亚、毛里求斯、苏丹、坦桑尼亚等。

当然还有采用其他方法的。如阿富汗、伊朗:3月21日至次年3月20日;尼泊尔:7月16日至次年7月15日;土耳其:3月至次年2月;埃塞俄比亚:7月8日至次年7月7日;阿根廷:11月至次的10月;卢森堡:5月至次年4月;沙特阿拉伯:10月15日至次年10月14日。

这些国家自然也有各自不同的会计分期。

不管各个国家会计期间如何划分,总之都有一个期间。只要有了期间,我们要进行比较时,便有了可以参考与参照的依据。例如,唐僧在取经途中,不只一次说过,什么时候才能到达西天,取得真经,这就是一个期间的问题。最后唐僧屈指一算,他从长安出发到达灵山,总共花去了十四载寒暑,这就是一个期间。如果将唐僧师徒取经作为一个事项,这个事项的完成期间就是这十四载寒暑。

随着信息技术的迅猛发展,会计信息化的发展有如孙悟空的筋斗云,一个跟斗十万八千里,许多业务信息,已经等不到日清月结了,必须即时转化为财务信息,如果日清月结,就和以前的猴年马月相似了。会计核算与会计分期随着大数据、云计算与信息化的发展,又步入了一个新的发展与变革时期。

第二篇
修行须从修心来

一、索贿受贿皆因财

唐僧有一个紫金钵,本是唐僧到西天去取经时,唐王亲手送给他,让他沿路化斋的。唐僧历经千难万险,最后面见佛祖,要取真经时,却还要将此作为礼物送给尊者。即使到了西天,取经过程,还要如此曲折,且让我们仔细品味。

《西游记》一书中第九十八回"猿熟马驯方脱壳,功成行满见真如"中写道:阿傩、伽叶引唐僧看遍经名,对唐僧说:"圣僧从东土到此,有些甚么人事送我们?快拿出来,好传经与你去。"这是公然索贿,西方净土,也不干净。内部控制在此也失效了。可怜唐僧哪有金银送这二位尊者,二尊者竟然传唐僧无字之经。

好在白雄尊者作法,起一阵狂风,吹落唐僧师徒所取无字之经,才让唐僧这呆和尚知道了人情的冷暖,世道之艰难。

没奈何,师徒四人只得再到如来处。孙悟空向如来告状时,佛祖笑道:"你且休嚷。他两个问你要人事之情,我已知矣。但只是经不可轻传,亦不可以空取。向时众比丘僧下山,曾将此经在舍卫国赵长者家与他诵了一遍,保他家生者安全,亡者超脱,只讨得他三斗三升米粒黄金回来。我还说他们忒卖贱了,教后代儿孙没钱使用。你如今空手来取,是以传了白本。白本者,乃无字真经,倒也是好的。因你那东土众生,愚迷不悟,只可以此传之耳。"

佛祖这番话有多层含义,我们一一分析。

首先,二尊者要人事之情,佛祖是知道的。按理佛祖应对二尊者严惩才是,可他却没有这样做,是有缘由的:经不可轻传,亦不可空取。

其次,为了说明不可轻传,不可空取,佛祖还讲一个只讨了三斗三升米粒黄金的故事给唐僧师徒听,说卖得贱了。

再次，可见要人事之情，绝不是下属偷偷摸摸，而是领导默许的事情。也就是说，内部控制等同于无。上梁不正下梁歪，二尊者才敢如此放肆。

最后，导致的结果是：佛祖再次命二尊者传唐僧真经之时，二尊者仍问唐僧要些人事。有了领导的支持与默许，下属当然会更加肆无忌惮了。

唐僧无物奉承，即命沙僧取出紫金钵盂，双手奉上道："弟子委是穷寒路遥，不曾备得人事。这钵盂乃是唐王亲手所赐，教弟子持此，沿路化斋。今特奉上。聊表寸心。"这都不说，唐僧送了礼，还要陪小心，还要说只是聊表寸心，几近于哀求。

唐僧接着说："万望尊者不鄙轻亵将此收下，待回朝奏上唐王，定有厚谢。只是以有字真经赐下，庶不孤钦差之意，远涉之劳也。"意思明白不过，这回礼送得轻了，下回加补，以后还有重谢！

我们再看索贿者接受贿赂后的表现。阿傩接了，但微微而笑。不仅是面不改色心不跳，反而还微微而笑。真是恬不知耻。更有甚者，那些管珍楼的力士，管香积的庖丁，看阁的尊者，见了，你抹他脸，我扑他背，弹指的，扭唇的，一个个笑道："不羞！不羞！需索取经的人事！"须臾，把脸皮都羞皱了，只是拿着钵盂不放。

我的天，厚颜无耻竟到如此程度。

年关附近，春节前后，正是一些类似于《西游记》中的"尊者们"索要"人事"的关键时点。中央早有明文规定，六项禁令中就有这样一条禁令：严禁违反规定收送礼品、礼金、有价证券、支付凭证和商业预付卡。各级领导干部一定要严格把关，严于律己，要坚决拒收可能影响公正执行公务的礼品、礼金、有价证券、支付凭证和商业预付卡，严禁利用婚丧嫁娶等事宜借机敛财。

虽然中央三令五申，但仍有部分"脸皮都羞皱了，只是拿着钵盂不放"的执迷不悟者，心存侥幸。对于这样的人，唐僧和猴哥完全可以不再低三下四地恳求他们了，看他们是想当老虎还是想当苍蝇，但不管是老虎还是苍蝇，都逃脱不了挨打的命运。陈毅早就说过：手莫伸，伸手必被捉。这就是现在索要"人事"者的下场。

二、资产保护与保密

《西游记》一书中第六十九回"心主夜间修药物,君王筵上论妖邪"中,孙悟空给朱紫国国王治病时,悬丝诊脉,诊出国王乃是"双鸟失群"之症,当有太医问道:"病势已看出矣,但不知用何药治之?"时,孙悟空道:"不必执方,见药就要。"

这一句话,很是关键。猪八戒以小人之心度君子之腹,说孙悟空欲做无本生意,想在朱紫国开药铺,不然怎么会将八百八味药,每味三斤,共计二千四百二十四斤,都要了来呢?

孙悟空一语道破其中诀窍说:"哪里用得许多?他那太医院官都是些愚盲之辈,所以取这许多药品,教他没处捉摸,不知我用的是那几味,难识我神妙之方也。"

孙悟空将所有的药都抓了来,甚至锅灰、马尿都入药了,竟然全是为了保护他自己的无形资产,不让别人知道他的独特配方。

虽然能瞒别人,但猪八戒和沙和尚却是亲自参与制药了的,隐瞒不了,可以算是财务的知情者了。不知道猴哥到底背着两个师弟做了什么古怪没有。从孙悟空的精明来看,应该两个师弟也不会知道其中的全部秘密。

改革开放初期,我们还不大懂得保护无形资产,常有外国客商参观我们的企业,我们事无巨细地向别人进行介绍,好像还有炫耀的意思在里面,却不知这样的介绍之后,我们的商业秘密便再无秘密可言了,有的企业就曾吃过这样的亏。

国王的病治好后,安排筵宴,猪八戒见国王只劝孙悟空吃酒时,心里痒痒地说道:"陛下,吃的药也亏了我,那药里有马——","尿"字还没说出来时,孙悟空怕他走了消息,忙将手中酒递与八戒。这才堵住了猪八戒的嘴。显然如果猪八戒是财务人员,对保守财务秘密一项,是无法遵守的,而孙悟空却不同,能够严守财务机密。

《中华人民共和国会计法》第三十四条规定:依法对有关单位的会计资料实施监督检查的部门及其工作人员对在监督检查中知悉的国家秘密和商业秘密负有保密义务。第四十七条规定:财政部门及有关行政部门的工作人员在实施监督管理中滥用职权、玩忽职守、徇私舞弊或者泄露国家秘密、商业秘密,构成犯罪的,依法追究刑事责任;尚不构成犯罪的,依法给予行政处分。

会计职业道德规范方面,会计人员对在工作中知悉的商业秘密应该依法保密,不得泄露,是诚实守信会计职业道德原则的具体体现。会计法律法规,都对保守商业秘密,财务秘密进行了严格的规定。

再说无形资产。我们要保守的商业秘密就是无形资产。其实《西游记》里面有许多法宝,相当于专利,别人没有,能起到独特的作用。里面数不胜数。我们略举一二。如铁扇公主的芭蕉扇、麒麟山赛太岁的紫金铃、狮驼岭狮驼洞三大王云程万里鹏的"阴阳二气瓶"、平顶山莲花洞金角大王、银角大王的"紫金红葫芦""羊脂玉净瓶""七星剑""芭蕉扇""晃金绳"等。这些无形资产都有其独特的作用和功效,正是因为有了这些无形资产,这些妖魔鬼怪才能独霸一方,为非作歹。

为什么现在全世界都支持核不扩散,就是因为该项无形资产,既能造福人类,也能毁灭人类。

所以在对待无形资产的问题上,我们要合理使用无形资产,一如孙悟空的金箍棒,哪吒的风火轮、乾坤圈、混天凌,只能用之造福于人类,而不能像那些妖魔鬼怪一样,滥用无形资产,例如在叙利亚战场上使用的生化武器,就是在危害人间,祸害生灵。

三、财务粉饰与作假

《西游记》一书中第二十七回"尸魔三戏唐三藏,圣僧恨逐美猴王"中,那妖怪极尽欺诈掩饰之能,分别装扮成一家人,来欺骗唐僧。她先是变个月貌花容的女儿,说不尽那眉清目秀,齿白唇红。被孙悟空识破后,她又变个老妇人,年满八旬,手拄着一根弯头竹杖,一步一声的哭着出来,说是要找女儿的。再次被孙悟空识破后,她又变个老公公,这次连老婆女儿一起找。但最终被孙悟空识破。有部电影《三打白骨精》,讲的就是这个故事。这个妖怪的想象很丰富,一个谎言被识破后,竟然知道用无数个谎言来圆。可怜唐僧一而再,再而三地被表面现象所迷惑,没有孙悟空的火眼金睛。

更有甚者,作假竟然作到了如来佛祖那里。书中第六十五回"妖邪假设小雷音,四众皆遭大厄难"中,小雷音寺的殿门外宝台之下,摆列着五百罗汉、三千揭谛、四金刚、八菩萨、比丘尼、优婆塞,无数的圣僧、道者。真个也香花艳丽,瑞气缤纷。可见其胆大妄为。这种粉饰与作假已达登峰造极之地步。

最揪心的是作假作到了自己的身上。六耳猕猴就是典型,他以假乱真的孙悟空形象,无人能识破。师父唐僧无法分辨,观音菩萨无法分辨,师兄弟八戒、沙僧等也无法分辨。现实情况中,像这样的情况何其多也,就连猴哥都防不胜防。

但不管怎样粉饰,假的永远真不了,真的永远假不了。真相终究会大白于天下,任何事情都有水落石出的时候,财务也一样。年前年后,正是财务造假的高峰期。有的要让报表亏损,以逃避税收;有的要让报表盈利,好继续欺骗股民、投资者、债权人。种种情形,不一而足。虽然出发点各不相同,但有一点是相同的,就是造假,只不过为了获得更大的利益,给自己脸上贴金,美其名曰:粉饰或筹划。

这样的粉饰与造假,仅凭孙悟空一个人的火眼金睛和金箍棒,是打不完的,仅凭单个部门的力量也是无法杜绝作假现象的。所以,社会呼唤诚信,行业呼唤诚信。财务会计行业,因作假之现象屡禁不止,更要呼唤诚信。

与财务粉饰作假相对应的就是财务信义。自古以来,中华民族便是一个重信义的民族。季布重一诺,侯嬴重一言,便是其中的典型。甚至有得黄金百斤,不如得季布一诺的说法。为什么呢,就因为季布讲究信义,季布的一诺,侯嬴的一言,都是一诺千金。

我们有许多企业,重信义,守然诺;重信用,守合同;诚信纳税,恪守财务诚信,为行业诚信树立了很好的榜样。

如湖北武汉黄陂孙水林兄弟俩每年都会在年前给农民工结清工钱。2009年年底哥哥孙水林为赶在年前给农民工结清工钱,在返乡途中遭遇车祸遇难。弟弟孙东林为了完成哥哥的遗愿,在大年三十前一天,将33.6万元工钱送到了农民工的手中,兄弟俩的诚信之举深深打动了全中国的人。新年不欠旧年薪,今生不欠来生账。信义兄弟的信义,就是我们诚信榜样中的榜样。

人无信则不立,企业也一样。财务粉饰与作假,只能欺骗得一时,纸终究是包不住火的。e租宝非法集资500亿元,表面上引诱人的是高额回报,9%的年收益,有的甚至是14%,这就是典型的财务造假,骨子里他们自己都知道窟窿只会越滚越大,根本不是一个良性的循环,只能借新账还旧账,而且终会有一天,新账借不来,旧账也还不上,终究会崩盘,但他们只得用无数个谎言,来圆最初的那一个谎言,在财务作假的路上越走越远。这就像孙悟空三打白骨精的故事一样。最终,白骨精还是要现出原形的。

让我们在拒绝作假、坚持打假的同时,呼唤内心深处的诚信,让财务行业信义之春风吹遍神州大地,环球同此风气。

四、财务他律与自律

话说孙悟空被如来佛祖压在五行山下五百年,好不容易得唐僧取经,路过此地,将他救了出来,让他保唐僧去西天取经。可孙悟空这个曾经的齐天大圣,天字号的劳改犯,早已自由散漫惯了,哪里受得了约束。因打了六个强盗,被唐僧说了几句,他便气冲冲地走了。好在观音菩萨教了唐僧一个"紧箍咒",孙悟空若是不听师父唐僧的教诲,唐僧便念起"紧箍咒"来,让孙悟空痛得遍地打滚,以此来约束孙悟空。

自古道:没有规矩,不成方圆。任何一个行业,都有其规定与约束,财务会计行业也不例外。财务行业也有"紧箍咒"。这个"紧箍咒"又分为他律和自律。从孙悟空刚开始戴上"紧箍咒",到最后取下"紧箍咒",我们来一一分析财务行业的他律与自律。

(一) 他律

只因孙悟空起初不受唐僧约束,自律性差,所以菩萨让他戴上了紧箍咒,也就是有了规矩,有了管束,有了制度,在他不能自律的情况下,对他进行约束。

书中提到,许多天上的妖魔下界为祸,便是不能自律。其实妖魔的主人或是领导,都对他们制定有规章制度,也就是他律,妖魔们都是违背他律私自下界的。

如今,财务会计行业最大的他律首推《中华人民共和国会计法》。会计法律、法规按级次分类,可分为会计法律、会计行政法规、会计部门规章。会计法律主要是指《会计法》;会计行政法规如国务院依据《会计法》制定发布的《总会计师条例》;会计部门规章主要是指国务院主管会计工作的行政主管部门——财政部对会计工作制定的规范性文件,如

《企业会计准则》《企业会计准则——应用指南》等。

还有其他的分类方式,如会计法律、会计行政法规、国家统一的会计制度和地方性会计法规。其中,国家统一的会计制度是指国务院财政部门根据《会计法》制定发布的关于会计核算、会计监督、会计机构和会计人员以及会计工作管理的制度,内容众多,如《会计基础工作规范》,财政部与国家档案局联合发布的《会计档案管理办法》等。

国有国法,家有家规。除了国家的法律、法规,各个企业还根据国家的法律、法规以及企业所处的行业、自身的实际情况制定有内部财务管理制度,对企业的财务会计工作进行规范,这也是企业财务会计人员所要遵循的。

这些法律、法规与规章制度都是财务会计工作人员头上的紧箍咒,必须时时遵守,处处遵守,具有强制性的规定与约束力,是刚性的,是雷池,是红线,不容逾越。

(二) 自律

财务的自律是一种自我约束,包括职业道德与职业操守等内容。例如,会计职业道德,其内容包括会计职业理想、会计工作态度、会计职业责任、会计职业技能、会计工作纪律、会计工作作风等。它是通过将外在的要求,转化为内在的、精神上的自觉的行为,是一种非强制性的规范。

《西游记》一书中,孙悟空保唐僧取经,前期经常被唐僧念"紧箍咒",那时他还不能自律,只能靠他律来强制,其实后期唐僧已经很少念"紧箍咒"了,因为孙悟空在取经的职业过程中,逐步成熟,逐步将外在的要求,转化为了内在的精神上的自觉行为。

孙悟空保唐僧取得真经,功德圆满,被如来佛祖封为斗战胜佛,已经完全能够自律了。这是一个量变到质变的过程。所以孙悟空对唐僧道:"师父,此时我已成佛,与你一般,莫成还戴金箍儿,你还念甚么《紧箍咒儿》揝勒我?趁早儿念个《松箍儿咒》,脱下来,打得粉碎,切莫叫那甚么菩萨再去捉弄他人。"

唐僧道："当时只为你难管，故以此法制之。今已成佛，自然去矣。岂有还在你头上之理！你试摸摸看。"

行者举手去摸一摸，果然无之。

其实这段话中对财务会计人士而言，大有深意。财务的自律，不是看得见摸得着的"紧箍儿咒"，它是一种无形的约束，存在于财务会计人的心中，是一种内在的素质的表现，是一种软实力。例如，会计职业理想中的择业目标，或维持生计，或发展个性，或承担社会义务，或兼而有之。又如，会计工作态度，在工作中认真负责，精益求精，积极主动，勤学好问。再如，工作作风，在工作中严谨仔细，一丝不苟，勤俭理财，严格按会计规范办事，自觉抵制各种诱惑的侵袭等。这些都需要财务会计人员时时修行，一如唐僧取经，要经过九九八十一难一样，要经过无数次的考验，要面对无数次的诱惑！这个无形的紧箍儿咒，不仅菩萨在念，而且社会大众人人在念，这是社会舆论的力量，不是孙悟空说的让菩萨去捉弄他人，而是约束自我。

这个过程是一个漫长而艰辛的过程，是一个修炼内功的过程，只有功夫到家，才能化蛹为蝶，最终凤凰涅槃。

五、财会法律不可违

《西游记》一书中第九回"袁守诚妙算无私曲,老龙王拙计犯天条"中,写那泾河龙王,为了保他水族,找算卦的袁守诚打赌,算一算"明日甚时下雨?雨有多少尺寸?"袁守诚道:"明日辰时布云,巳时发雷,午时下雨,未时雨足,共得水三尺三寸零四十八点。"龙王笑曰:"此言不可作戏。如是明日有雨,依你断的时辰、数目,我送课金五十两奉谢。若无雨,或不按时辰、数目,我与你实说:定要打坏你的门面,扯碎你的招牌,即时赶出长安,不许在此惑众!"

泾河龙王为何有此底气与袁守诚打赌,无非因为行云布雨是他的分内之事。但他却忘了,即使是他的分内之事,他也要遵守规矩。这不他一回府,玉帝敕旨便到了。而那旨意上写着的时辰与数目,却与袁守诚断的一模一样。

袁守诚的算卦,我们可以看成是财务的预测。之所以他预测得这么准,我想他肯定是花了很多工夫进行研究的。不然他的预测不可能和天庭的玉帝所下的旨意一样。或者说,也许袁守诚知道内幕消息,是消息灵通人士。但这消息灵通得也够可以的了,竟然能上达天庭。说不定那个时候,也有知晓天文地理的科学家,能够预报天气状况。只不过人们借用了鬼神之说来使其神秘化。不管怎样,这是小说,是作者妙笔生花杜撰出来的。但他指向的明知故犯,却影射了当时,也影射着当下。

玉帝旨意一来,便难倒了泾河龙王。怎么办呢?不按玉帝旨意办事,是明知故犯;按玉帝旨意办了,那与袁守诚的打赌便彻底的输了。这时鲥军师奏道:"行雨时差了时辰,少些点数,就是那厮断卦不准,怕不赢他?"龙王此时也有了侥幸的心理,依他所奏,果不担忧。

直到龙王行云布雨完毕,下界找袁守诚算账之时,袁守诚一语道破他是泾河龙王,违了玉帝敕旨,改了时辰,克了点数,犯了天条。在那"剐龙台"上,恐难免一刀时,龙王方才醒悟,心惊胆战,毛骨悚然。但此时已经迟了。

财务会计法律、法规是一个宏大的体系,以《会计法》为总纲,交叉有经济法律、税务法律,往下还有许多部门、地方以及企业内部制定的规章与制度等。这些都是财会人所必须遵守的,是雷池、是红线,不能逾越,是带电的高压线,不能碰。不能像泾河龙王,明知故犯,一旦犯下错误,再后悔便来不及了,世上没有后悔药。

《三国演义》中也讲了一个财会人明知故犯的故事。说的是仓库的会计王垕,明知用小斛发放粮食是违反制度和纪律的,但他请示了领导曹操后,还是用小斛发放粮食,导致的结局是曹操借了他的项上人头,以平民怨。王垕就是明知故犯的典型,他以为上面有领导给他罩着,他便没事了,却不料到头来他成了替罪羊。

按规定的点数、时辰下雨是泾河龙王的法定职责,他必须为,而且必须按规定办理;王垕按规定发放粮食是他的法定职责,他必须为,而且必须按规定办理。但是他们在行使法定职责时,未按规定办理,他们明知道这样的做法是错误的,却还是明知故犯,一如有些财务人员,明知道贪污、挪用公款、做假账、偷逃税款、私设小金库等行为是违法的,还要明知故犯,最终的结局是天网恢恢,疏而不漏,他们都受到了相应的惩处。

为什么泾河龙王与王垕会明知故犯?分析其原因:一是存在侥幸的心态,比如泾河龙王,他以为克扣了点数,迟了时辰,不会被发现;二是即使处罚,处罚的力度也不大,没当回事,也就是认为犯罪成本小,犯了也就犯了;三是以为有领导罩着,有人给自己撑腰,比如王垕,原以为出了事有曹操给自己顶着,不会有事的。当然,还会有未列举到的各种心态,如阿Q精神中尼姑的头,和尚摸得,我也摸得;前有张三、李四,做了没有事,后有王五、六麻子,也曾蒙混过关;有的以为自己是钻的法律漏洞与缺陷,自己绝顶聪明,别人都是傻子,根本不会想到,也不会查到等。孰不知任何经济行为都有蛛丝马迹可循,任何经济事项都有逻辑关系,正如世上没有无缘无故的爱,也没有无缘无故的恨一样,出来混,最终都是要还的。

  2015年的百人红色通缉令中,有10位财务人员,他们就是明知而故犯的,而且他们想凭个人之聪明之能力,逃脱法律的制裁,可是即使他们逃到了国外,依然要受到法律的制裁,不管天涯海角,天网恢恢,最终他们必将被绳之以法。当泾河龙王知道犯了天条,免不了"剐龙台"上的一刀时,即使托情,仍然由魏征在梦中将其斩首;当王垕知道自己犯法,向曹操申诉自己是按他的意思办理时,曹操早已喝令将其推出斩首。这一切都是在用反面的例证向我们说明:财务法律不可违。

六、小雷音寺之假账

话说第六十五回"妖邪假设小雷音，四众皆遭大厄难"中，唐僧师徒一行来到了一处寺院之前，孙悟空看过之后，回复唐僧："师父，那去处是便是座寺院，却不知禅光瑞霭之中，又有些凶气何也。观此，也似雷音，却又路道差池。我们到那厢，决不可擅入，恐遭毒手。"

唐僧道："既有雷音之景，莫不就是灵山？休误了我诚心，耽搁了我来意。"

孙悟空道："不是，不是！灵山之路，我也走过几遍，那是这路途！"

八戒道："纵然不是，也必有个好人居住。"

沙僧道："不必多疑。此条路未免从那门首过，是不是一见可知也。"

三藏道："就是小雷音寺，必定也有个佛祖在内，经上言三千诸佛，想是不在一方：似观音在南海，普贤在峨眉，文殊在五台。这不知是那一位佛祖的道场。古人云：'有佛有经，无方无宝。'我们可进去来。"

行者道："不可进去，此处少吉多凶。若有祸患，你莫怪我。"

三藏道："就是无佛，也必有个佛像。我弟子心愿，遇佛拜佛，如何怪你。"

从这一回书中，可以看出唐僧师徒四人对于风险的判断。孙悟空具有职业敏感性，已经看出了风险，并进行了提示。虽然是寺院，但有凶气；似雷音，但路道差池。并且，他再三提醒：不可擅入，恐遭毒手。但小雷音寺的假账做得虽然不是天衣无缝，却也足以以假乱真。首先是唐僧询问：既有雷音之景，莫不就是灵山？遭到孙悟空的反驳后，又说不是雷音寺，是小雷音寺，也必定有佛祖在内，要去朝拜。其次是八戒，他被那寺院及禅光瑞霭所迷惑，便肯定地说：纵然不是雷音寺，也必定有个好人居住。最后看沙僧，虽然未知可否，但却说：是不是一见可知。也就是还要实地验证。想来沙僧算是实证会计派的。

这时，只听得山门里有人叫道："唐僧，你自东来拜见我佛，怎么还这等怠慢？"小雷音寺的假账此时作得更绝了，更加深入，这一番话早已打消了唐僧等人的顾虑。

三藏闻言，即便下拜。八戒也磕头，沙僧也跪倒；唯大圣牵马，收拾行李，在后。方入到二层门内，就见如来大殿。殿门外宝台之下，摆列着五百罗汉、三千揭谛、四金刚、八菩萨、比丘尼、优婆塞，无数的圣僧、道者。真个也香花艳丽，瑞气缤纷。慌得那长老与八戒、沙僧一步一拜，拜上灵台之间。

作假者如何才能欺骗别人？肯定也有一个与真相类似的景象，才能迷惑于人。黄眉老祖假借佛家元素进行欺骗，就是看穿了唐僧师徒对佛家的虔诚，利用与真相类似的景象进行欺骗。众所周知的蓝田水股，就曾利用上层水面有多少鱼类，中层水面有多少鱼类，下层水面有多少鱼类，甚至泥下有什么资源等进行存货的造假；无独有偶，獐子岛的存货造假与其如出一辙。这些惊天假象不是专业人士，不进行深层次的分析，还真容易被蒙骗。原因之一是他们熟悉营造假账的对象。

这黄眉老祖也是佛门中人，孙悟空正对此妖怪无可奈何之时，东来佛祖来了，对他说道："他是我面前司磬的一个黄眉童儿。三月三日，我因赴元始会去，留他在宫看守，他把我这几件宝贝拐来，假佛成精。"正因他是佛门中人，知晓佛门中的诸多机密，所以晓得东来佛祖的宝贝，拐了几件出来，假佛成精，即使孙悟空有七十二变，能腾云驾雾，却也难降伏于他。

这让我联想到许多经济案件的发生，原因多是有内鬼，他们知道单位的操作机密、内控缺陷，有的是内外串通，便形成巨大的漏洞，造成巨大的危害。诸如假汇票案、假存款案、假集资案、假P2P等。但假的就是假的。

随着经济的发展，各种造假越来越隐形，不容易分辨。例如P2P中，便有人充当这样的黄眉老祖，掀起风浪，从中牟利。为什么如今欢呼孙大圣,只因妖雾又重来。

　　我们在对待真假的问题上,要如孙悟空一样,擦亮眼睛,慎重分析,拨开迷雾,去伪存真。切不可像唐僧与猪八戒,不加分析,轻易相信。要有如沙僧一样的实证精神,真与假一见可知。真金不怕火炼,让假账无处遁形。

七、真脱钩，实改制

《西游记》一书中第四十九回"三藏有灾沉水宅，观音救难现鱼篮"中，唐僧被通天河中的鱼妖擒捉到水府之中，幸好观音菩萨救难，用竹篮将妖鱼收走。

但这回书中，唐僧受难只一时，通天河中的老鼋受难已有9年。老鼋对孙悟空说道："这底下水鼋之第，乃是我的住宅。自历代以来，祖上传留给我。我因省悟本根，养成灵气，在此处修行，被我将祖居翻盖了一遍，立做一个水鼋之第。那妖邪乃九年前海啸波翻，他赶潮头，来于此处，仗逞凶顽，与我争斗；被他伤了我许多儿女，夺了我许多眷族。我斗他不过，将巢穴白白地被他占了。"这一占竟然就是9年。

我们再来看这妖怪的来历。菩萨道："他本是我莲花池里养大的金鱼。每日浮头听经，修成手段。那一柄九瓣铜锤，乃是一枝未开的菡萏，被他运炼成兵。不知是那一日，海潮泛涨，走到此间。"也就是说，这个妖怪是从菩萨处来的，难怪有些手段，可以将老鼋斗败，抢他的府第。这老鼋就是一个纯粹的土鳖，怎么斗得过有如此深厚背景的海归妖怪呢。

书中像这样的例子还有。第四十三回"黑河妖孽擒僧去，西洋龙子捉鼍回"中，黑水河河神磕头滴泪对孙悟空说道："大圣，我不是妖邪，我是这河内真神。那妖精旧年五月间，从西洋海，趁大潮来于此处，就与小神交斗。奈我年迈身衰，敌他不过，把我坐的那衡阳峪黑水河神府，就占夺去住了，又伤我许多水族。我却没奈何，径往海内告他。原来西海龙王是他母舅，不准我的状子，教我让与他住。我欲启奏上天，奈何神微职小，不能得见玉帝。"

再看西海龙王是怎样说的："我着他在黑水河养性修真。待成名，别迁调用。"这个妖怪也是有背景的,而且是西海龙王明着支持的。前面的金鱼精,还可说是菩萨不知情,是暗地里的;而这个妖怪,已经成了明面上的。他们都和自己原来的背景有着千丝万缕的联系,也正是因为这千丝万缕的联系,到了地方,他们才可以凭借着从背景处得来的实力,霸占一方。

现实社会中,在中介市场,就有所谓"红顶中介"。实际上就是戴市场的帽子、拿政府的鞭子、收企业的票子的那些中介机构。他们为什么能够占据他们的一块地盘?这也是和他们所处的背景相关的。他们的后面都有着类似于菩萨或者西海龙王的背景,或在暗,或在明,支持着他们。中介机构一直以来,要求脱钩改制。而有些中介机构,名义上是脱钩改制了,实际上仍然在人员、经费、关系、资源上与原背景关系有着剪不断理还乱的关系,维持着自己的条条块块,死守着自己原来的势力范围,有的甚至顺着边沿着线,纵深发展,当然地方上的土鳖如老鼋一类、黑水河河神一类的,显然便不是他们的对手,只能败北,而且没有投诉之处了。

这种红顶中介的危害之深,众所周知。一如书中所写,如果不是观音出手,大圣到来,龙王派兵,他们肯定会继续在通天河与黑水河中为祸。实际上对他们的清理,还是他们的背景参与的,亲历亲为的。这就跟我们现在清理红顶中介一样,需要中介背后的背景认清形势,知道这是毒瘤,要有刮骨疗毒的勇气,要有敢于壮士断腕的决心。这实际上是自己革自己的命。

现在中介脱钩改制之后,有了行业协会,行使着对中介机构的监督与管理职能,这是一种行业自律的行为。但这个行业协会,仍和中介以前的背景有着千丝万缕的联系。或者说,行业协会甚至就是以前的背景组织。书中的这两个故事,还有一个启示。那便是即使真脱钩改制了,中介机构原来的背景,或者说现在的行业自律组织,也要对其进行严格的监督与管理。而不是对其纵容或听之任之,采取放任自流,不管不问的态度。如通天河中的金鱼精,显然是菩萨疏于管理,才让其逃到了通天河中为祸,而菩萨竟然不知道他是什么时候偷偷溜走的。所以菩萨清早未梳妆便去编竹篮,她也知道自己是有责任的,也想尽早补救。黑水河中的鼍龙,显然也是西海龙王对其纵容,采取放任自流的方式,对其未加管教,才导致他做出伤天害理之事。所以事情出来后,他也知道不及时处理不严肃处理不行,于是派了太子去将鼍龙擒捉回来。

市场呼唤着真脱钩实改制,中央也拿出了清理红顶中介的具体举措。看来不管是黑水河中的河神,还是通天河中的老鼋,都可以不惧背景与红顶了。如果练就了过硬的本事,就可以依市场规律,在市场经济的大海中,扬风立帆,理直气壮地顺应优胜劣汰的市场规则了。这个时候如果还斗不过金鱼精,斗不过黑水河中的鼍龙,须怨不得别人,只能怪自己学艺不精,专业水平不高,业务本领不强了。

八、两个不同的圈子

《西游记》一书中第五十回"情乱性从因爱欲,神昏心动遇魔头"中,师徒一行来到金兜山,孙悟空要去化斋,又怕师傅被妖怪捉走,即取金箍棒,晃了一晃,将那平地下周围画了一道圈子,请唐僧坐在中间;着八戒、沙僧侍立左右,把马与行李都放在近身。对唐僧合掌道:"老孙画的这圈,强似铜墙铁壁。凭他甚么虎豹狼虫,妖魔鬼怪,俱莫敢近。但只不许你们走出圈外,只在中间稳坐,保你无虞;但若出了圈儿,定遭毒手。千万,千万!至嘱,至嘱!"

按说孙悟空这番苦口婆心,唐僧应该听从,但八戒却说这是画地为牢,不听悟空劝阻,都走出圈外,结果被妖精青牛怪捉走。而捉唐僧的青牛怪,和孙悟空打斗之时,孙悟空搬了诸多救兵,用了千方万法,均不能战胜这妖精,原因就在青牛怪也有一个圈子,专套孙悟空所请各路救兵的兵器与宝贝。这就有了两个圈子的说法。

我们先看孙悟空画的圈。他的这个圈,可以理解为规矩,一如俗语所说没有规矩,没有方圆。正是有了这规矩,按规矩办事,按规则出牌,才不至于违反制度、纪律、规定等。这个圈,实际就是雷池的边界,就是红线,也可以看成是带电的高压线,碰都不能碰,更不能逾越。所以在里面是安全的,也就是行的端,立的正,自然任何诱惑是不能入侵的。鸡蛋为什么会被苍蝇叮,正是因为它有了缝,有了破绽,苍蝇才会去叮。

我们现在提倡讲规矩,就是给我们画了一个圈。八项规定六项禁令,就是一个圈。这就是给我们定的规矩,是我们不能逾越的制度与纪律,我们不能跑到圈子外面去为所欲为、胡作非为。

我们财务会计人也有一个圈,也要讲规矩。这就是《会计法》、会计制度、会计准则、税收相关法律、法规等。这都是财会人所要遵守的规矩。我们只要是按规矩办事的,一如稳坐圈子中间,可以确保无虞;否则只要是出了圈儿,违背了纪律与制度,必然会受到惩处。

再看青牛怪的圈子。这个圈名叫"金刚琢",原是太上老君的宝贝,被青牛怪偷了出来。这个圈子什么都能套,什么都能装,将天兵水火、哪吒的宝贝、佛祖丹砂等尽皆装去,甚是厉害。青牛怪的这个圈,抑或是太上老君的金刚琢,可以理解为圈子。这是一个包含内容很广泛的名词。这个圈子确实什么都可以装。比如同学圈、战友圈、同乡圈、同事圈等,为了形成一个圈子,可以找出成千上万的理由,来成就其圈。这就是包罗万象的所谓"圈子文化"。

只要是入了这个圈的,就和圈外的人有了区别,办起事来,圈内的人就好套近乎,事情就好办,而圈外的人则不那么容易了。当然如果是圈内的人,制度、纪律有时也可以打擦边球,甚至是违反制度与纪律,这就是一个害人害己的圈子。这个圈子是我们要坚决杜绝的圈子。

当唐僧被孙悟空救出来后,三藏道:"徒弟,万分亏你!——言谢不尽!——早知不出圈痕,那有此杀身之害。"唐僧至此,吃一堑,长一智,知道孙悟空所画的圈,就是规矩,就是雷池,就是红线,就是高压线,是不能逾越的,所以方才有此感悟。这可谓是血的教训。最后唐僧感激不尽道:"贤徒,今番经此,下次定然听你吩咐。"

行者道:"不瞒师父说。只因你不信我的圈子,却教你受别人的圈子。多少苦楚,可叹!可叹!"八戒道:"怎么又有个圈子?"孙悟空方将什么都能装进去的圈子——"金刚琢",以及金刚琢套宝贝的经历向他们进行了说明。这个圈子就是一个害人害己的圈子,害人,是什么都被它套去了。而害己,最终,这个圈子拿来穿了青牛老怪的鼻子。

我们财务会计人因其所处的岗位重要,自然会有人找成千上万的理由来套近乎拉关系,所以这个圈,那个圈,令你防不胜防的圈,会时时处处等着来套你。这就是我们要坚决反对的"圈子文化"。如果对其危害没有清醒的认识,也许自觉不自觉中,就中了招,被同学圈、同乡圈、战友圈,有的甚至是牌友圈、文友圈、摄影圈、舞友圈等莫名其妙的圈子套中,违背了制度与纪律。这个圈子最终会害人害己。如果财会人不能明辨圈套,最终会像青牛老怪一样,让圈子穿上自己的鼻子,被牵着走的结局。

一回书中,作者讲了两个圈子的故事。这两个圈子有着截然不同的用处,我们财会人对待这两个不同的圈子,也要采取截然不同的方式,才能保住我们财会人应有的本色。

九、公共资源成私产

《西游记》一书中第五十三回"禅主吞餐怀鬼孕,黄婆运水解邪胎",写唐僧师徒途经西梁女儿国,误饮了子母河中的水,需要解胎。三藏道:"婆婆啊,你这里可有医家? 教我徒弟去买一贴堕胎药吃了,打下胎来罢。"那婆子道:"就有药也不济事。只是我们这正南街上有一座解阳山,山中有一个破儿洞,洞里有一眼'落胎泉'。须得那泉里水吃一口,方才解了胎气。却如今取不得水了,向年来了一个道人,称名如意真仙,把那破儿洞改作聚仙庵,护住落胎泉水,不肯善赐与人;但欲求水者,须要花红表礼,羊酒果盘,志诚奉献,只拜求得他一碗儿水哩。"

从婆婆的话中可以听出,落胎泉中的水本是公共资源,却被一个道士唤做什么如意真仙霸占了,成了他的私产。再要取水,须要花红表礼,羊酒果盘。成了他的私产不说,还成了他敛财的资产和手段。就连孙悟空去取,他也不给。真仙道:"泉水乃吾家之井,凭是帝王宰相,也须表礼羊酒来求,方才仅与些须;况你又是我仇人,擅敢白手来取?"

从财务的角度来说,如意真仙的行为就是典型的侵占。侵占公共资产。

从目前的司法解释来看,侵占罪是指以非法占有为目的,将他人交给自己保管的财物、遗忘物或者埋藏物非法占为己有,数额较大,拒不交还的行为。本罪在主观方面必须出于故意,即明知属于他人交与自己保管的财物、遗忘物或者埋藏物而仍非法占为己有。犯罪对象只限于三种财物:一是代为保管的他人财物;二是他人的遗忘物,遗忘物不等于遗失物,也不同于遗弃物;三是他人的埋藏物。

《现代汉语词典》一书关于"侵占"的解释是:非法占有别人的财产。

从上面的解释中,我们均无法确定如意真仙的侵占罪。因为他侵占的资产不是个人的,而是公共的,或者说是国家的。但他又构不成职务侵占罪,因为他不是国家公务人员,没有什么职务,事实上却又构成了侵吞国有资产的客观事实。从主观方面看,如意真仙就是故意侵占的。虽然法律上说侵占的财物有三种,公共资源或国有资产不在三种范围之内,但这资产绝不是如意真仙个人的私产,他绝对是非法侵占的。现实生活中也有类似于如意真仙的例子。

社会上曾经有一些涉黑团体或是组织,在保护伞的庇护下,或是凭借其黑恶势力,霸占某处资源或市场,如采沙、采石、工程建筑、市场经营等,其他企业或个人要在他们霸占的区域内采沙、采石必须向他们交什么资源费、保护费;在他们霸占的区域要承包工程,必须经过他们的允许,让他们抽头;在他们霸占的市场经营,必须交纳市场管理费等。他们一样是侵占了国有资产或是公共资产、公共资源。即使从业者、经营者要交纳相关类似的费用,也应该由国家部门或是公众部门来收取,而不是这些黑恶势力来收取。

这些组织就是社会的毒瘤,不打击危害会越来越大。国家有关部门看到了这些黑恶势力的危害,必须对其进行严厉的整治与打击。打黑必严,除恶务尽,这也是深受其害的民众的呼声。对其进行打击与整治,也是顺应民情民意。

但书中孙悟空却未做到打黑必严,除恶务尽。孙悟空听得沙僧已经取了水去,对如意真仙道:"你听老孙说,我本待斩尽杀绝,争奈你不曾犯法;二来看你令兄牛魔王的情上。……老孙若肯拿出真本事来打你,莫说你是一个甚么如意真仙,就是再有几个,也打死了。正是打死不如放生,且饶你教你活几年耳。以后再有取水者,切不可勒他。"那妖仙不识好歹,演一演,就来钩脚;被大圣闪过钩头,赶上前,喝声"休走!"那妖仙措手不及,推了一个蹼辣,挣扎不起。大圣夺过如意钩来,折为两段;总拿着又一撅,撅作四段,掷之于地道:"泼孽畜再敢无礼么?"那妖仙战战兢兢,忍辱无言。这大圣笑呵呵,驾云而起。这里孙悟空虽然取得了水,解救了唐僧与八戒,只解决了自己的问题,临时性的问题,并未从根本上解决问题。如果以后别人要用落胎泉的水来解胎,不是孙悟空吓唬说教了如意真仙一回,他就会改正的。到时民众取水,还是要给道士进贡,泉水还是继续被如意真仙霸占着。

女儿国中,那接待师徒四人的老婆婆对唐僧道:"老师父,把这水赐了我罢。"悟空给她之后,那婆婆谢了行者,将余剩之水,装于瓦罐之中,埋在后边地下,对众老小说道:"这罐水,够我的棺材本也!"也就是说,向后,这水还是要出钱去买的。所以她方这般珍惜。

看来疾恶如仇的孙悟空给西梁女国的后人们留下了一个祸根,不知道还要危害女儿国的民众多少年呢。我们执法者千万不能存孙悟空的妇人之仁,一定要打黑必严,除恶务尽,决不能让其遗害一方。

十、芭蕉扇火敛难财

《西游记》一书中第五十九回"唐三藏路阻火焰山,孙行者一调芭蕉扇",唐僧师徒途经火焰山。打听道那火焰山有八百里火焰,四周围寸草不生。听当地人说,西南方翠云山有一个芭蕉洞,洞中有个铁扇仙,"我这里人家,十年拜求一度。四猪四羊,花红表里,异香时果,鸡鹅美酒,沐浴虔诚,拜到那仙山,请他出洞,至此施为。""求得来,一扇熄火,二扇生风,三扇下雨,我们就布种,及时收割,故得五谷养生;不然,诚寸草不能生也。"

从唐僧师徒打听到的情况来分析,火焰山环境恶劣,但并非没有改变的方法。只是改善这恶劣环境的独门秘方掌握在芭蕉公主的手中。要改变,必须给她进贡。于是她正好借机敛财。她发的是火焰山地区难民的财,饱受火焰困扰之苦的人民的财。

这让人不禁想到了叙利亚难民。叙利亚难民所受之苦,可以说和火焰山的百姓一样,正是水深火热之中,却也有人竟然忍心发难民财,在叙利亚难民逃亡途中,处处敛取他们的钱财,偷渡费、船费、过路费等,不一而足,一如铁扇公主,发着火焰山难民的财,搜刮着猪羊、花红表里、异香时果、鸡鹅美酒,而全然不管难民们的死活。这是我看这回书联想到现实的第一个感悟。

火焰山,溯其缘由,还是孙悟空踢翻了太上老君炼丹的八卦炉而形成的,也就是说罪魁祸首是孙悟空。唐僧师徒被阻火焰山,也可以说是孙悟空自食其果。

叙利亚难民的形成,究竟是谁的罪魁祸首大家都知道。有谁好端端地心甘情愿背井离乡?肯定是不得已而为之。而叙利亚难民危机形成后,深受其害的,除了叙利亚难民自己外,还有谁呢?欧洲的一些所谓民主国家，当初要强行干涉叙利亚内政。他们和孙悟空一样，正在自食其恶果。这是我看这回书联想到现实的第二个感悟。

芭蕉公主为了自己的既得利益，是不会轻易答应借出自己的芭蕉扇的，所以才有了孙悟空一调、再调，甚至是三调芭蕉扇，其过程艰难曲折，直到最后芭蕉公主及其老公牛魔王被彻底打败才被迫认输，心不甘情不愿地交出了芭蕉扇。

在叙利亚放了一把火后想借此敛财的国家，肯定不会轻易答应灭掉叙利亚的火，他们甚至想方设法阻挠灭火，大有让火烧得越旺越好的心思，他们才好从中捞取好处。这种想法和芭蕉公主的想法没有丝毫区别。这是我看这回书联想到现实的第三个感悟。

如果孙悟空只是将火扇得小些，等师徒一行过了后，再不去管，那火焰山的火还有，灾难也还有，没有根治。他当时问着乡人说："这山扇熄火，只收得一年五谷，便又火发。"所以他问芭蕉公主，如何治得除根？芭蕉公主道："要是断绝火根，只消连扇四十九扇，永远再不发了。"行者闻言，执扇子，使尽筋力，望山头连扇四十九扇，那山上大雨淙淙。这才彻底地将火焰山的火扑灭了。孙悟空自己惹的祸，自己造成的灾难，最终还是靠他自己努力根除了。从这可以看出，孙悟空具有高度的责任感。

但现在谁在灭叙利亚的火？谁来拯救叙利亚难民，谁真正将叙利亚的事情，当作了自己的事，如孙悟空一样，有担当，根除灾难？在叙利亚难民危机一事上，欧洲多个民主国家互相推诿，深恐这股火烧到了自己身上，不愿承担更多的责任。而某些玩火者，却躲得远远的，仿佛与已无关似的，冷眼旁观叙利亚的人民饱受离难之苦、战争之煎熬。从这可以看出，部分国家的部分人在叙利亚扇阴风点鬼火之后，从乱局中敛财，不管不顾叙利亚人民的死活，丝毫没有任何责任心，如孙悟空去扑救扑灭那危害叙利亚人民的大火。这是我看这回书联想到现实的第四个感悟。

类似于叙利亚这样的火焰山，还有多座，如伊拉克、利比亚等。虽然这些山头有这样或那样的缺陷，但这些山头的人民自有这些山头人民自己的活法，却有一些自认为比所有人都高贵的人要来指责，横加改变，粗暴干涉这些山头的事务，强加给他们火焰，使他们处于水深火热之中。这种灾难，这种创伤，是无法用言辞来进行表述的，其中的损失也无法用货币来进行计量。

　　天灾尚好解，人祸却难消。有些唯恐天下不乱者，该清醒清醒了。须知害人终害己。解铃还须系铃人。自己闯的祸，还是要靠自己来收拾，自己闯祸之后，将一个烂摊子扔下不管，是极端不负责任的，终将会被全世界人民所唾弃。这是我看这回书联想到现实的第五个感悟。

十一、剖腹验心廉自律

《西游记》一书中第七十九回"寻洞擒妖逢老寿,当朝正主救婴儿",比丘国的国丈迷惑国王,说要用唐僧的心来做药引,方能治好国王的病。孙悟空将计就计,由他假扮成了唐僧,到了大殿之上,把腹剖开,将那些心,血淋淋的,一个个捡开与众观看,却都是些红心、白心、黄心、悭贪心、利名心、嫉妒心、计较心、好胜心、望高心、侮慢心、杀害心、狠毒心、恐怖心、谨慎心、邪妄心、无名隐暗之心、种种不善之心,更无一个黑心。唬得那昏君呆呆挣挣,口不能言。孙悟空对昏君道:"陛下全无眼力!我和尚家都是一片好心,惟你这个国丈是个黑心,好做药引。你不信,等我替你取他的出来看看。"方将国丈逼出了原形。

这一番话大有深意。虽然说孙悟空剖腹验的是自己的心,其实说的是世人的心。世人的心有多种,书中所列举的就是众生的各种各样的心,当然肯定也有黑心之人,那个国丈就是。

他于三年前携一年方十六的绝色小女子,进贡给国王,深得国王宠幸,国王贪欢不已,弄得精神疲倦。这国丈又献药方,其中药引为一千一百一十一个小儿的心肝。其实是这国丈要吃小儿,借口给国王治病,来害小儿。这不是国丈的黑心是什么?

要看国丈的黑心容易,要看国王的黑心却难。表面一看,国王是被蒙蔽的,弄得精神疲倦也好,要吃小儿的心治病也好,全是受了国丈及宠妃的蒙蔽。但如果国王不贪女色,哪会弄得精神疲倦;国王难道不知道吃小儿是黑心,只不过因为要治的病,是自己的病,就将那国丈的黑心,看得淡了,其实就是因为自己有了黑心。

同理,现实社会中,我们难的不是如何看别人,而是如何看自己。正所谓当局者迷,旁观者清。我们看别人,好看。自己剖开自己的心来验证,有没有黑心,这需要胆量,要有反省的勇气。

　　曾子曰:"吾日三省吾身,为人谋而不忠乎?与朋友交而不信乎?传不习乎?"(《论语·学而》)说的是春秋时期,孔子的学生曾参勤奋好学,深得孔子的喜爱,同学问他为什么进步那么快。曾参说:"我每天都要多次问自己:替别人办事是否尽力?与朋友交往有没有不诚实的地方?先生教的,学生是否学好?"或说老师传授的学业,是否不曾复习。如果发现做得不妥就立即改正。这体现出我们中国人内敛、含蓄与谦逊的优良品德。三省吾身,省的是什么,就是孙悟空捡出来看的一个个的心,各种各样的心。会计人也一样,也是红尘中人,也有这样的心、那样的心,时时刻刻与金钱打着交道,处于重要的岗位,受到的各种各样的诱惑更多,所以更要时时刻刻反省自己,检讨自己,有没有违规,有没有受到诱惑,有没有悭贪心、种种不善之心等,只有时刻警钟长鸣,才能时刻警醒自己。

　　"静坐常思己过,闲谈莫论人非",是古人名言,出自清金缨《格言联璧》。其中,"静坐常思己过",意思是沉静下来要经常反省自己的过失,自我反省在做事或待人方面有疏忽有亏欠的地方,这样就能减少羡慕嫉妒恨的心情;同时由于明白了自己的过失而得到一些警醒,以免再犯同样的过错。会计人只有常思己过,才能让自己进步,在改正错误中进步,才能一犯小错便及时改正而不至于酿成大错。

　　虽然我们没有"菩提本无树,明镜亦非台。本来无一物,何处惹尘埃"这样的先天境界,但我们至少可以通过后天的努力,做到"身如菩提树,心如明镜台。时时勤拂拭,莫使惹尘埃"。只要我们时刻反省自己,将自己的心捡出来,一个个的察看,警醒自己,我们便也做到了这一切。

　　会计职业道德中有廉洁自律这一条。要做到这一条,就要加强自身学习,不断提高修养,树立正确的人生观、价值观。市场经济的条件下,从事财务管理工作,掌握着一定的权利,无论权利大小,都会受到形形色色的诱惑,在诱惑面前是否坚持原则,往往决定工作的力度和效果,甚至是成败。只有清正廉洁,才能走得正、站的直,腰杆硬,工作才会有底气,这就需要我们时刻如孙悟空一样,将各种各样的心捡开来看,去黑心,保红心。

　　要真正做到廉洁自律,会计人员必须把会计职业道德规范的要求转化为自己的自觉意识,如孙悟空一样,强调自我解剖、自省自律、自警自励,将内心深处的各种意识进行解剖。自觉勤俭节约,不讲排场,不比阔气,不铺张浪费,不以权谋私,不以权徇私;还要杜绝勿以善小而不为,勿以恶小而为之。只有这样才能强化自身的爱岗意识、敬业意识、诚信意识、守法意识、廉洁意识、自律意识、原则意识、责任意识、担当意识、管理意识、技能意识、风险意识、服务意识等。所有这些意识都如孙悟空剖开来看的心一样,是红的心、好的心,而不是坏的心、黑的心。

十二、欲念之中无底洞

唐僧师徒途经陷空山时,遇到了一个妖怪,这个妖怪曾经是托塔天王的义女、哪吒的义妹,居住在无底洞中。我们不说孙悟空怎样上天告状、哪吒怎样协助捉拿妖怪的事情,我们探讨一下妖怪所居住的洞府——无底洞。

作者写这回书时,大有深意。其实人的欲念,就是一个无底洞,永远也填不满,正所谓人心不足蛇吞象。

有人说,无欲则刚。其实人不可能没有欲念。人的欲念,也许是与生俱来的,也许是后天才有的,但不管如何,它就在人的内心深处,也许你不察觉,但突然,它就凭空冒了出来,甚至来得那么突然、那么直接、那么猛烈,犹如火山喷发一样。

神秀说:"身如菩提树,心如明镜台。时时勤拂拭,莫使惹尘埃"。按这种说法,欲念是从外面的世界传染进来的,我们只要做好心里面的卫生就可以了,经常打扫,不要染上尘埃,受那些欲念的诱惑与影响。

慧能说:菩提本无树,明镜亦无台。本来无一物,何处惹尘埃。按这种说法,先天无欲念,后天也无欲念。真正是无欲则刚。但这种情形是很少很少的。

如何对待欲念,我们先要分析欲念是怎样来的。从以上的两个佛理来看,欲念不可能是先天带来的,都是后天生成的。那么后天又是如何生成的呢?肯定是从人的内心生成的。

人都有各种各样的欲念,财务人一样,也要面对欲念。

首先,面对自己内心的欲念。管好了自己的欲念,面对他人的欲念便好处理了。难的是管好自己的欲念。

书中第十六回"观音院僧谋宝贝,黑风山怪窃袈裟"中,观音院的老院主,摆出自己的袈裟时,"满堂锦绣,四壁绫罗",但他见了唐僧的袈裟后,将袈裟骗到手,拿到自己房中,号啕大哭。原来自己想将唐僧的袈裟长久地留下来!这就是贪欲。已是"满堂锦绣,四壁绫罗",还想要唐僧的。

面对老院主要谋唐僧的袈裟,老院主手下的两个小和尚,一个广智,一个广谋,不仅没有劝阻老院主,反而为其欲念的得逞,出谋划策。一个献计要杀人,一个出谋要放火。老院主难道不知道这是违法的事?但他为了自己的欲念,竟然答应了,还说:好!好!好!此计绝妙!强!强!强!此计更妙!更妙!将老院主贪婪的嘴脸刻画得活灵活现。

其实广智和广谋在满足老院主的欲念时,他们心中也有欲念,他们的欲念是和老院主的欲念相关的,老院主的欲念满足后,肯定会感激他们的,肯定会善待他们,提拔他们,重用他们,他们也会得到回报的,这便是他们心中的欲念。

一般来说,我们财务人面对他人的欲念时,相对好处理一些,虽然他人的欲念有时也和自己的欲念相关,但那毕竟经过了一道转折,不是那样直接。财务人从跨入这个行业门坎之时,便接受了职业道德的教育,有的师傅传授徒弟时,经常跟弟子说,要将钱看成纸,看成符号。这样才能不受诱惑。

而对于自己心中的欲念,想要杀死它,委实不容易,因为这是与自己在做斗争。《渔夫和金鱼的故事》是世界经典童话故事。故事中的老太婆总是不满足,向小金鱼提出了一个又一个的要求。老太婆无休止的追求变成了贪婪,从最初的清苦,继而拥有辉煌与繁华,最终又回到从前。故事告诉我们,追求好的生活处境没有错,但关键是要适度,过度贪欲的结果必定是一无所获。《西游记》中的观音院僧,也是过度贪婪,让他的心成了一个欲念的无底洞,才导致了他最后的悲惨结局,其实这都是咎由自取的。

唐僧在取经团队战胜欲念方面,起到了很好的表率作用,不管是四圣试禅心,还是在盘丝洞、女儿国等众多财色的诱惑之下,他始终不忘初心,坚定着西天取经的意志。他对欲念的态度,类似于和尚慧能,先天无欲念,后天也无欲念。正是因为他的坚定,才有了整个团队的坚定,在这一点上,唐僧是绝对的精神领袖,也正是他的坚定,和八戒等的欲念形成了鲜明的对比,让八戒等认识到了自身的错误与不足,经常去打扫尘埃,净化心灵,最终也修成了正果。八戒的欲念,类似于和尚神秀的欲念,是一种后天的欲念,也是我们芸芸众生的欲念,当然也包括财务人员在内,我们只有通过不断的修行、打扫、净化,才能战胜心中的欲念,才能最终修成正果。

　　财务人员每天都接触金钱,无时无刻不面临着金钱的诱惑,每时每刻都会有欲念产生的机会,只有勘破欲念关,战胜自我之后,才能浴火重生,才会从最初的心中由惊涛骇浪变为曾经沧海难为水之后的风平浪静,这时,才会成为真正合格的财务人员。

十三、财色难动取经心

《西游记》一书中第二十三回"三藏不忘本,四圣试禅心"中,唐僧师徒来到一处富贵人家,吃茶办斋之时,三藏启手问道:"老菩萨,高姓?贵地是甚地名?"妇人道:"此间乃西牛贺洲之地。小妇人娘家姓贾,夫家姓莫。幼年不幸,公姑早亡,与丈夫守承祖业。有家资万贯,良田千顷。夫妻命里无子,止生了三个女孩儿。前年大不幸,又丧了丈夫。小妇居孀,今岁服满。空遗下田产家业,再无个眷族亲人,只是我娘女们承领。欲嫁他人,又难舍家业。适承长老下降,想是师徒四众。小妇娘女四人,意欲坐山招夫,四位恰好。不知尊意肯否?如何?"

唐僧礼节性地问了主人家的姓名,这里是什么地名,并未问她家有多少资产,家中为何没有男子等问题。而女主人却极其主动向他介绍了家中的资产:家资万贯,良田千顷。同时还有更好的事,不仅家产相送,还送人:小妇娘女四人,意欲坐山招夫,四位恰好。不知尊意肯否?如何?

这是女主人家在刻意用话试探唐僧师徒。我们看唐僧的反应:三藏闻言,推聋装哑,瞑目宁心,寂然不答。也就是说,唐僧装作未听见。

那就还加点力度呗。于是那妇人道:"舍下有水田三百顷,旱田三百顷,山场果木三百顷;黄水牛有一千余只,騾马成群,猪羊无数;东南西北,庄堡草场,共有六七十处;家下有八九年用不着的米谷,十来年穿不着的绫罗;一生有使不着的金银。胜强似那锦账藏春,说甚么金钗两行。你师徒们若肯回心转意,招赘在寒家,自自在在,享用荣华,却不强如往西劳碌?"这一番话将那"家资万贯,良田千顷",进行了详细的说明。如果前面的是总账、总金额,这段话便是明细账,明细金额。同时还进行了比较,用坐享其成与往西劳碌进行比较。这诱惑可不是一般的诱惑,巨额财富的诱惑!哪知道这一番明细道来,那三藏也只是如痴如蠢,默默无语。

这样都还不行,那就再加点力度。于是那妇人又道:"我是丁亥年三月初三日酉时生,故夫比我大三岁,我今年四十五岁。大女儿真真,今年二十岁;次女爱爱,今年十八岁;三小女名怜怜,今年十六岁;俱不曾许配人家。虽是小妇人丑陋,却幸小女俱有几分颜色,女工针指,无所不会。因是先夫无子,即把他们当儿子看养,小时也曾教他读些儒书,也都晓得些吟诗作对。虽然居住山庄,也不是那十分粗俗之类,料想也配得过列位长老。若肯放怀抱,长发留头,与舍下做个家长,穿绫着锦,且强如那瓦钵缁衣,雪鞋云笠!"这段话,那妇人连自己的生辰八字都报给唐僧了,财诱不成,再色诱。三个女儿人又长得漂亮,又还知书达礼。怎么样,再进行一番比较,坐在山庄里享受男女之爱,穿绫着锦,总比瓦钵缁衣,雪鞋云笠西行取经要舒服吧?可哪知这一番比较,还是不能打动唐僧的心,唐僧坐在上面,好似雷惊的孩子,雨淋的蛤蟆;只是呆呆挣挣,翻白眼儿打仰。

唐僧这边坚如磐石,急坏了旁边的八戒。闻得这般富贵,这般美色,心痒难挠,坐在那椅子上,一似针戳屁股,左扭右扭的,忍耐不住。走上前去,扯了师父一把道:"师父!这娘子告诉你话,你怎么佯佯不睬?好道也做个理会是。"那师父猛抬头,咄的一声,喝退了八戒道:"你这个孽畜!我们是出家人,岂以富贵动心,美色留意,成得个甚么道理!"

三言二拍中,有一个"神狐三束草"的故事,说的是一个仙狐,爱上了一个书生,变成了书生日思夜想的美女来与他幽会,后来被书生发现了。仙狐便留给他三束仙草,一束放到他心爱的女子门前,那女子便患上了皮肤病,怎么也治不好。最后女子家人出榜,承诺谁治好了小姐的病,便将小姐许配给谁。这时那书生用剩下的二束仙草,一内服,一煮水外洗,治好了小姐的病,终于和小姐成亲。有人看了这个故事还说:"哎呀,这么好的事,怎么没让我遇见呢?"须知这是杜撰的故事。

世上没有无缘无故的爱,也没有无缘无故的恨。很多民众上当受骗，就是因为心中有了贪欲，才给了骗子以机会。例如，电信诈骗中的重金求子骗局，就是利用财色的双重诱惑，引诱你上钩。这和书中的小娘子引诱唐僧师徒的伎俩一模一样，也和杜撰的"神狐三束草"故事类同。

我们会计人面临的诱惑也很多。天天和金钱打着交道。乍一看也有"神狐三束草"的好事在等着，也有如猪八戒一样，可以财色兼收的好事，幸福真就如毛毛雨，真个从天上掉了下来。但如唐僧所言，我们财务人若以富贵动心，美色留意，成得个甚么道理！除了这，还须防备：天上掉下大馅饼，地上必有大陷阱！

当然有结局。抵御了财色诱惑的唐僧、悟空、沙僧均安然无事，而经不住财色诱惑的八戒，被几条绳紧紧绷住，疼痛难禁，绷在树上一夜，一个劲地叫道："师父啊，绷杀我了！救我一救！下次再不敢了！"

虽然唐僧等好心原谅了八戒，救了他下来，八戒也发誓，再不敢了。但在财务实务中，如果财务人员犯下了这样的错误，肯定是要走人的，我想没有哪个企业敢给他下次再犯的机会了。真是一失足成千古恨。

十四、伸手被捉因贪欲

《西游记》一书中第五十回"情乱性从因爱欲，神昏心动遇魔头"中，写道唐僧师徒来到金兜山金兜洞，孙悟空去化斋时，八戒来到妖怪变化的楼阁之中，看到三件纳锦背心儿，他也不管好歹，拿下楼来，出厅房，径到门外道："师父，这里全没人烟，是一所亡灵之宅。老猪走进里面，直至高楼之上，黄绫账内，有一堆骸骨。串楼旁有三件纳锦的背心，被我拿来了，也是我们一程儿造化。此时天气寒冷，正当用处。师父，且脱了褊衫，把他且穿在底下，受用受用，免得吃冷。"

三藏道："不可！不可！律云：'公取窃取皆为盗。'倘或有人知觉，赶上我们，到了当官，断然是一个窃盗之罪。还不送进去与他搭在原处！我们在此避风坐一坐，等悟空来时走路。出家人不要这等爱小。"

八戒道："四顾无人，是鸡犬亦不知之，但只我们知道，谁人告我？有何见证？就如拾到一般，哪里论甚么公取窃取也！"

三藏道："你胡做啊！虽是人不知之，天何盖焉！玄帝垂训云：'暗室亏心，神目如电。'趁早送去还他，莫爱非礼之物。"

正是因为八戒有了贪欲，爱小，情乱而性从。"将背心套上，才紧带子，不知怎立站不稳，扑的一跌。原来这背心儿赛过绑缚手，霎时间把他两个背剪手贴心捆了。"怎么会不惊动妖怪，将他一行三人捉了起来。违背良心便是"背心"，自然会被"贴心"捆住。

八戒说的理由是四顾无人，是鸡犬亦不知之，所以谁人告我？有何见证？就如拾到一般，哪里论甚么公取窃取也！但是实质上他却做了，事实是存在的。会计讲究客观性，客观事实存在，不能采取掩耳盗铃的方式，采取他人不知，自己不认的态度，以为事实便不存在了。这是一种极端唯心主义，自欺欺人的做法。

经济犯罪领域,有很多类似的例子,都是以为只有自己知道,别人不知道,所以永远也不会犯事。却不知任何经济事项,都有其经济轨迹,都有蛛丝马迹可循。正是要想人不知,除非已莫为。唐僧还是行得端,立得稳的,教训八戒不可欺心:虽是人不知之,天何盖焉!暗室亏心,神目如电。莫爱非礼之物。出家人不要这等爱小,等等。其教导可谓苦口婆心,但八戒却置若罔闻,最终得偿苦果,被绑了起来。

《后汉书·杨震传》中讲了一个"天知、神知、我知、子知"的故事。杨震在赴任东莱太守途中,路经昌邑。当时的昌邑县令王密,是他任职荆州刺史时举荐提拔的官员。王密听说杨震路过本地,为报答当年杨震的提携之情,于是白天去谒见杨震,晚上则准备了白银十斤想赠送给杨震。杨震对他说:"我们是老朋友,我很了解你的为人,你却不了解我,为什么呢?"王密说:"现在是深夜没有人知道。"杨震说:"天知、神知、我知、你知,怎么能说没有人知道呢?"王密听完后,满面羞惭地离开。后人在引用中,也常作"天知地知,你知我知"。

这个故事中的王密和八戒一样,采取的也是掩耳盗铃似的做法,但他比八戒要好,他听了杨震的话后,很惭愧地离开了,不是像八戒,不听劝阻,一意孤行,最终自食其果,受到了惩处。而王密虽然没有受到惩处,但却受到了教益。

我们财务人,无时无刻不与金钱打着交道,正是常在河边走之人,要想不湿鞋,还真得有一定的定力,要经得住诱惑。陈毅说过:手莫伸,伸手必补捉。要想采取掩耳盗铃自欺欺人的方式,即使一时得手,但最终还是逃不过法律的惩处。佛经有云:要知前世因,今生受者是,要知未来果,今生做者是。正所谓:天网恢恢,疏而不漏。

这实际上涉及会计人的修养、职业道德与操守。会计人的业务能力与水平,仅仅代表其在专业方面的素质,而不能说明其道德精神方面的素质。如果说专业方面的素质是外功,那么道德精神方面的素质则体现为内功。会计人必须内外兼修,才能达到高层境界,才能如唐僧一般,练成不坏之身。

世上没有无缘无故的爱,也没有无缘无故的恨。伸手是前因,被捉是后果。要想不被捉，除非手莫伸。会计人在加强廉洁自律方面，须勤练内功。佛云：身是菩提树，心如明镜台。时时勤拂拭，莫使惹尘埃。虽然我们还没有达到"本来无一物，何处惹尘埃"的境界，但我们可以通过道德方面的修养，提高自己的境界，来达到"莫使惹尘埃"的境界。

这是会计人必须坚守的底线，这是会计人不能逾越的雷池，这是会计人不能碰的高压线。通过道德方面的修养提升境界之后，会计人也许可以达到如唐僧一般的境界，成为一种自觉的境界，一如杨震一般的境界。这个时候，可以说我们会计人已经成为了内外兼修的高手，不惧任何妖魔鬼怪，练就不坏金身，岂是几件纳锦背心所能诱惑得了的！

十五、数字舞弊与大写

书中第十回"二将军宫门镇鬼,唐太宗地府还魂"中,写道唐太宗到阴曹地府去走了一遭,本来应该就此归西的,却因为有熟人,托关系,徇私舞弊,让他多活了20年。故事是这样的。

唐太宗因泾河龙王托他关系,让他手下的丞相魏征不要斩他,唐太宗虽然将魏征宣来陪他下棋,可期间魏征却睡着了,梦中斩了泾河龙王。这龙王死后来找太宗哭闹,太宗自此常梦见鬼怪,身体一日不如一日,于是宣魏征等进宫商量后事。

魏征道:"陛下宽心,臣有一事,管保陛下长生。"太宗道:"病势已入膏肓,命将危矣,如何保得?"征云:"臣有书一封,进与陛下,捎去到冥司,付酆都判官崔珏。"太宗道:"崔珏是谁?"征云:"崔珏乃是太上先皇帝驾前之臣,先受兹州令,后升礼部侍郎。在日与臣八拜为交,相知甚厚。他如今已死,现在阴司做掌生死文簿的酆都判官,梦中常与臣相会。此去若将此书付与他,他念微臣薄分,必然放陛下回来。管教魂魄还阳世,定取龙颜转帝都。"

果然唐太宗到了地府,将书交给崔珏后,那判官看了书满心欢喜道:"魏人曹前日梦斩老龙一事,臣已早知,甚是夸奖不尽。又蒙他早晚看顾臣的子孙。今日既有书来,陛下宽心,微臣管送陛下还阳,重登玉阙。"

可是当十代阎王命掌生死簿判官:"急取簿子来,看陛下阳寿天禄该有几何"时,崔判官急转司房,将天下万国国王天禄总簿,先逐一检阅。只见南赡部洲大唐太宗皇帝注定贞观一十三年。崔判官吃了一惊,急取浓墨大笔,将"一"字上添了两画,却将簿子呈上。十王从头看时,只见太宗名下注定三十三年,阎王惊问:"陛下登基多少年了?"太宗道:"朕即位,今一十三年了。"阎王道:"陛下宽心勿虑,还有二十年阳寿。此一来已是对案明白,请返本还阳。"

以上几段话大有深意。作者借用曹地府来影射人间。到处都有人情关系。中国封建社会讲究的是仁治,而不是法治,往往仁治有时会大于法治,总有法外施恩、情大于法的现象发生。笔者却从中窥出了与财务会计相关的信息。

一是总分类账。十代阎王命掌生死簿判官:"急取簿子来,看陛下阳寿天禄该有几何?"这取的簿子,就是记录生死的账簿。"崔判官急转司房,将天下万国国王天禄总簿,先逐一检阅"。崔判官急转司房,就是去会计档案室,拿的天下万国国王天禄总簿,就是一本总分类账,是记载天下万国国王生死的总分类账。

二是数字舞弊。"只见南赡部洲大唐太宗皇帝注定贞观一十三年。崔判官吃了一惊,急取浓墨大笔,将'一'字上添了两画,却将簿子呈上。"作者将这一舞弊描绘得栩栩如生。"一"字上添两横,正好是个"三"字,却又看不出涂改的痕迹。说明类似于这种舞弊的现象当时肯定出现过,只是场合不同,事件不同而已。

作者吴承恩书中写的是唐朝的故事,但他自己却是明朝的人,当然书中的事与明朝有一定的关系了。明朝时,明太祖朱元璋为整顿吏治和经济秩序,办了几件大案要案,其中经济领域最为著名的案件就是"郭桓案"。郭桓案以其涉案金额巨大,对经济领域影响深远而为世人瞩目。郭桓案发生在洪武十八年(公元1385年),无非是贪污税款、钱粮数额巨大,时间长,牵涉的人数多,造成的影响恶劣等。郭桓案之后,明朝政府为了杀一儆百,制定了严格的惩治经济犯罪的法令,同时在财务管理上采取了一系列有效的措施。其中有一条就是将记载钱粮金额的数字,统一改成大写的数字"壹贰叁肆伍陆柒捌玖拾佰仟",从技术和手法上杜绝利用数字作假舞弊的现象,不给舞弊者以机会,并形成制度与规范。这就是我们今天大写数字的由来。

试想如果当时冥府记录天下万国国王天禄总簿的数字,采用的是如今的大写数字,大唐太宗皇帝注定贞观壹拾叁年,崔珏怎么好将壹拾叁年,改成叁拾叁年,而让阎王看不出改的痕迹呢?只怕崔判官再会弄巧,也无法达到上述目的。

从这一则小故事,我们就可以明晰地看出数字大写对于防范经济犯罪与数字舞弊的作用。

十六、分瓣梅花与造假

唐僧师徒路过隐雾山折岳连环洞,被妖怪使一个"分瓣梅花计",将孙悟空兄弟调开,捉住了唐僧。这个"分瓣梅花计",说穿了,就是一个造假的计策。表面上孙悟空、猪八戒、沙和尚打的都是大妖怪,其实都是小妖怪变化的,只不过都变作大王的模样,顶大王之盔,贯大王之甲,执大王之杵。但他们毕竟不是大王,只欺骗得了一时,欺骗不了一世,最终都会被孙悟空和猪八戒、沙和尚所识破。

唐僧师徒经过陷空山无底洞,也是被妖怪使绣花鞋之计,运用分身法,将绣花鞋变化成了妖怪的模样,暂时隐瞒了孙悟空等,捉走了唐僧。其实这个绣花鞋,就相当于现在的剪切、复制与粘贴,并不是原创,也只欺骗得了一时,最终也会露出原形。

上面的两个故事,都有造假的成分在里面。造假最终都会原形毕露。再如书中的白骨夫人,变化成了一家三口。确实也曾欺骗到了唐僧,但毕竟这些都是假象。

这些造假,所要达到的目的都是一个,捉住唐僧,然后好吃唐僧肉,以达到长生不老之功效。也就是说,所有的造假,都是有目的的,而通过正常的手段,即公开、公平、公正的手段无法达到,于是采取了造假的手段。

有些急功近利之徒,无法通过正当手段谋利,打起了造假的主意。仿冒、仿制等山寨版的产品造假,挂羊头卖狗肉的品牌造假,剽窃之类的学术论文造假,以次充好偷梁换柱等,各种造假手法千奇百怪不一而足,但都离不开一个利益驱动。

于是在利益驱动下,出现了数据造假、统计造假,当然也就出现了报表造假、财务造假。财务造假也有各种手法,如有分瓣梅花、绣花鞋分身术、白骨夫人三变化等，必须要有孙悟空的火眼金睛才能辨别。

2001年，美国安然公司事件，就是一个典型的财务造假案例，它的这一造假，让行使着打妖怪职责的安达信会计事务所也破产了，因为事务所既没有审计出它虚报的高额利润，也没有披露出它的巨额债务。而内在原因还包括一点，安达信既给安然公司做咨询服务，同时又做审计服务。自己审自己，既当运动员，又当裁判员。在这起案例中，安然公司使用了白骨夫人三变化的招数，而安达信则使用了绣花鞋分身术的招数，他们联手造假。但最终乱花没有迷人眼，迷倒的是安然公司和安达信自己，它们搬起石头砸了自己的脚。

据报道，自2015年7月以来，日本东芝公司被曝出现其历史上最严重财务造假。自2008年度至2014年度的4～12月，虚报利润总计达到1562亿日元（相当于78亿人民币），相当于税前利润的30%。东芝前后3任社长均涉其中。

国内财务造假的经典案例也有很多，如蓝田事件。蓝田公司就是一个财务造假的高手，编制出了一系列的业绩神话，特别是在鱼塘中放出了"高产卫星"，一时也迷惑住了众多的投资者和社会公众。但打妖怪的孙悟空出来了，她就是刘姝威，火眼金睛的她，义无反顾地揭露了蓝田的造假，最终让蓝田原形毕露，让真相大白于天下。

银广夏事件也是一个典型的案例。银广夏虚构的业绩报表，经不起专家们的推敲。专家意见认为，其子公司天津广夏出口德国诚信贸易公司的为"不可能的产量、不可能的价格、不可能的产品"。以天津广夏萃取设备的产能，即使通宵达旦运作，也生产不出所宣称的数量；天津广夏萃取产品出口价格高到近乎荒谬；对德出口合同中的某些产品，根本不能用二氧化碳超临界萃取设备提取。

更离奇的是2014年獐子岛的扇贝事件，近乎荒谬的"冷水团事件"，被认为是"弥天大谎"，数亿元的存货，在一夜之间消失，从股民手中募集来的资金，就这样被打水漂了，投资者损失惨重。

综观国内外的财务造假，都是利益驱动下的举动。妖怪们采用分瓣梅花计、绣花鞋分身术、白骨夫人三变化时，都知道他们是在造假，但他们都抱着侥幸的心态,这也让他们一时得逞了,但最终,假的真不了,谎言总有被拆穿的时候,事实总会大白于天下,真相总会浮出水面。

前事不忘后事之师。这一系列的案例警示着我们,不要玩弄类似于分瓣梅花、绣花鞋分身、白骨夫人三变化等自认为高明的手段来瞒天过海,所有造假一如安然、东芝、蓝田、银广厦等,最终都会水落石出,真相大白于天下。财务人员、社会公众、广大的投资者,也要学习孙悟空火眼金睛洞察秋毫之经验,吸取唐僧不辨真假善恶之教训,擦去涂抹于脸上的胭脂唇上的口红,挤出虚假的资产、收入与利润,揭露隐瞒的负债与亏损,还财务一个真实本来的面目。

十七、凡尘苦海红顶乐

基层工作处于最底层,日复一日,年复一年,勤勤恳恳,兢兢业业,才有可能取得在上层看来是芝麻大点的成绩,但在上层要达到这样的成绩则是轻而易举,要取消甚至抹杀基层的成绩也是分分钟的事情。其中的玄机与缘由,大都心知肚明。《西游记》一书中,车迟国求雨斗法便是一个明显的例证。

车迟国的三个国师道士虎力大仙、鹿力大仙、羊力大仙,本是下界生灵通过自己的刻苦努力,经千年修行而得道成仙的,是典型的草根型基层干部。凡尘中人,没有背景与后台,他们能够在车迟国取得一席之地,靠自己多年的努力,艰辛求雨成功得来。20年来,车迟国风调雨顺,就是他们的辛苦所换来的。在车迟国,他们3位基层干部劳苦功高,口碑极好,凡尘中人有这样的地位,来之不易。

孙悟空与3位国师相比,背景可就不同了,他曾经上界为仙,先是官封弼马温,后来又升为齐天大圣,再后来又成为蟠桃园主管。那个时候,闲时节会友游宫,交朋结义。见三清,称个"老"字;逢四帝,道个"陛下"。与那九曜星、五方将、二十八宿、四大天王、十二元辰、五方五老、普天星相、河汉群神,俱各以弟兄相待,彼此称呼。可以说,孙悟空在上界有一个相当密的关系网,就是一般的天仙,也不能与他等闲相比。

这样的背景差异下,车迟国的虎力大仙还要与孙悟空比求雨,那结果就如秃子头上的虱子,明摆着。因为草根虎力大仙根本就不知道孙悟空有这样的背景,他还一门心思想着公平竞争。

竞争要有规则,这是孙悟空提出来的,草根虎力大仙也赞成。虎力大仙的规则是以令牌为号:一声令牌响,风来;二声令牌响,云起;三声令牌响,雷闪齐鸣;四声令牌响,雨至;五声令牌响,云散雨收。虎力大仙的规则,是根据上界制定的规则来的,走的是正规路线,中规中矩,没有一点逾越。

雷公、电母的陈述最有说服力:"那道士五雷法是个真的。他发了文书,烧了文檄,惊动了玉帝,玉帝掷下旨意,径至'九天应元雷声普化天尊'府下。我等奉旨前来,助雷电下雨。"

从上面可以看出,虎力大仙求雨,是得到了玉帝首肯的,是合理合法的。也就是说,车迟国降雨,是基层干部通过正规渠道,向上天进行了反映,这种反映也得到了上天的回复,给予了批准,并指派了一系列的干部,来完成车迟国下雨一事。

我们再来看孙悟空的做法。他首先不仅是不作为,而且是反作为。当草根虎力大仙要风得风,要雷得雷的时候,他就上天去了,他上天去做什么事情呢?反作为。让草根虎力大仙的事情办不成,办砸锅。因为上面的那些个神仙,都曾是孙悟空以前的关系网中的,其实孙悟空如果走正规途径,应该到玉帝那儿,陈述详情,玉帝肯定也会同意办理。但他根本就没有走这个程序,而是私底下打招呼,走关系,在虎力大仙与各办事干部与机构之间横插一杠子,让各办事机构及人员都违反了法律法规,听凭他的摆布,让草根虎力大仙的事办不成。

孙悟空如此胆大妄为,凭的是什么?三点。一是他法律意识淡薄,未将规矩当作规矩,肆意践踏;二是凭他通天的关系,他先前与上界各办事人员的关系硬,都可以称兄道弟,所以不走正道,走的歪门邪道,旁门左道;三是他的棍子硬,本领高,也就是带点黑社会的性质。他下雨的规则是什么?起先根本是没有规则的,见到各位神仙后,在后台定下了规则:棍子往上一指,就要放风;棍子第二指,就要布云;棍子第三指,就要雷电皆鸣;棍子第四指,就要下雨;棍子第五指,就要大日晴天。而玉帝定下的规则与制度,此时早被一帮神仙抛到了九霄云外,哪还放在心上?

这是对现有制度与规则的渺视。当今社会,类似于孙悟空降雨的事件还有很多。诸如红顶中介,他们通过与上面关系的熟悉,横插一杠子,让下面许多按规矩办事的草根机构费尽心机即使下五道令牌,也无法办成事，而他们却能轻而易举地办成事，只需棍子举一举就行。还有许多官商勾结的情况。许多草根按规则办不成事，不是不符合这一条，就是达不到那一条，而后台定下的规则，首先就挡住了一系列的草根，即使有的辛辛苦苦过五关斩六将，艰苦修行，幸运地闯关过来了，到后来也就成了一个陪衬，成全了人家公平竞争的冠冕堂皇的理由。

我们现在清理红顶中介，脱钩改制，斩断他们与政府之间千丝万缕的联系；将权力关进制度的笼子，阳光操作，大力惩处官商勾结，就是为了还草根机构一个公开、公平、公正的竞争环境，让按照规矩与制度办事的机构能够办好事，办成事。若此，则凡尘基层草根可以脱离苦海，有通天手眼的也要认认真真按规则办事，从此没了红顶极乐的方便，大家同在一个规则下竞争，环球同此凉热，方能真正彰显公平。

第三篇

条条大路通灵台

一、天庭考勤疏管理

《西游记》一书中第三十一回"猪八戒义激猴王,孙行者智降妖怪"中,写到了天庭管理制度中的考勤管理。这是天庭内部控制制度中的重要一环,让我们一起来详细分析。

孙悟空追妖怪时,追到天庭,天师追查到是二十八星宿中的奎木狼下界了。玉帝道:"多少时不在天了?"天师道:"四卯不到。三日点卯一次,今已十三日了。"玉帝道:"天上十三日,下界已是十三年。"即命本部收他上界。

上面这段话写的就是天庭的考勤制度。天庭的考勤是实行的点卯制度,点卯画押,表示被考勤人员到岗到位了,按现在的话说,我上班打了考勤,表示我到了,我上班了,暂时不管迟到早退,至少我来了,没有缺勤缺岗。这种点卯制度实行的是三日点一次卯,也就是三天要报一次到,点一次卯,画一次押。

我们知道,考勤管理是企业管理中最基本的管理,企业规定员工的工作日、上下班时间、请假、加班、出差、外出等制度,考勤管理人员月底需要向主管和财务提供员工的考勤数据,包括迟到、请假、加班、早退、旷工等,以备主管对员工进行绩效考核,财务人员对员工进行工资计算等。一般企业的考勤管理制度或规定里面,都有迟到、早退一次扣多少元,达到多长时间、多少次数扣多少元,加班补助多少元,旷工一次扣多少元,累计旷工多少次扣多少元,甚至辞退等规定,这些都由考勤管理部门考核后,交由财务部门实施。

天庭既然有三日一卯的制度,肯定也有关于这方面的管理规定。对于违反了这方面规定的人员,肯定也有相应的处罚。在企业的内部控制制度中,对员工进行绩效考核,就有态度考核一块。态度考核是区别于业绩考核与能力考核的,也就是不考核你有没有能力、有没有业绩,至少你先要有一个好的工作态度。态度考核,不考核员工的业绩和能力,只考核员工工作时的精神状态。将工作态度作为考核指标是因为态度往往决定一切,工作能力强的员工如果工作态度不正确,其工作业绩也可能不理想,甚至会带来负面影响。而工作纪律是工作态度中的重要方面,严格遵守工作纪律和规定是一个合格员工的必要工作态度。

显然二十八星宿中的奎木狼工作态度有严重的问题,竟然四卯不到,连续旷工达四次之多,可见所犯错误之严重。书中写那追查天师查勘九曜星官、十二元辰、东西南北中央五斗、河汉群辰、五岳四渎、普天神圣都在天上,更无一个敢离方位。又查那斗牛宫外,二十八宿,颠倒只有二十七位,内独少了奎星。

从上面这段文字可以看到,天庭内部的考勤管理还是很严格的,普天神圣都在天上,更无一个敢离方位,说明他们的工作态度均很认真,忠于职守。但斗牛宫外的内部管理很松懈,竟然奎木狼旷工连续四次都没有发现,没有人督促查处,让其改正,疏于管理,其内部控制中考勤管理经过孙悟空这一闹,问题查出来了,玉帝也不含糊,对奎木狼进行了处罚。玉帝收了奎木狼金牌,贬他去兜率宫与太上老君烧火,带俸差操,有功复职,无功重加其罪。

我们知道企业对员工的激励与惩戒,是为了更好地营造勤奋努力、积极向上的企业氛围,形成高效的工作氛围,促进员工和企业的共同发展。玉帝对奎木狼的惩戒也是严肃天庭的工作纪律,考勤制度。实际上他对奎木狼的处罚还是比较人性化的,没有将他一篙子打死,给了他悔过自新的机会,虽然目前职位低了,是给太上老君烧火,但没有说永远给太上老君烧火,如果有功,可以复职,就是官复原职,还是回到二十八星宿中去,而且带俸差操,也就是说,连工资都没有扣你的,还在继续给你发工资。但也有累加式惩戒:无功重加其罪。

员工惩戒是对员工违反工作规则、流程、法律及职业道德标准等相关问题进行的惩戒,累加式惩戒则是员工有一系列过失,不是一次过失，初次过失可以给予轻微的惩戒，如果过失重复或加重，则惩戒也应加重。所以玉帝让奎木狼带俸差操，并不是就此放过他了，还要对他进行后续考核：有功复职，无功重加其罪。后续考核中，还包含了累加式惩戒。如果屡教不改或屡次犯错，那就要重加其罪。

当前，一些企业事单位都采取了人性化的考勤制度和休假制度，如大中城市上下班的朝九晚五制度，如带薪休假、年假制度以及正在积极推行的每周两天半休息制度等。在我们享受人性化制度的同时，我们更应该履行我们的职责，保持良好的工作态度，遵守工作纪律，而不是当一个四卯不到的奎星。

二、悟空天庭来任职

《西游记》一书中天庭的领导者是玉帝,里面写了许多天庭的人力资源政策。我们仅以孙悟空在天庭的三次任职经历,来分析天庭的人力资源政策。

首先看孙悟空的第一次天庭任职经历。书中第四回"官封弼马心何足,名注齐天意未宁"中,天庭为什么要起用孙悟空?只因四海龙王和十代冥王俱告状到了天庭。玉帝查其底细时,千里眼和顺风耳报告说是300年前天产石猴,不知在何方修炼成仙,降龙伏虎,强销死籍。玉帝当即便要下令天将收伏。转机出现在此时。

太白长庚星启奏道:"上圣三界中,凡有九窍者,皆可修仙。奈此猴乃天地育成之体,日月孕就之身,他也顶天履地,服露餐霞;今既修成仙道,有降龙伏虎之能,与人何以异哉?臣启陛下,可念生化之慈恩,降一道招安圣旨,把他宣来上界,授他一个大小官职,与他籍名在箓,拘束此间;若受天命,后再升赏;若违天命,就此擒拿。一则不动众劳师,二则收仙有道也。"玉帝准其所奏。

天庭对孙悟空的考察与了解,基本清楚其过往经历与能力,已修成仙道,有降龙伏虎之能,不然四海龙王和十代冥王也不会来告状了。玉帝也清楚其当时生出,即目运金光,射冲斗府。既然有能力,可以任用,应对其能力进行考察后,按其能力进行任用。从太白星的启奏分析,任用没有试用期,直接到职到岗。人力资源政策中,也规定了升赏与处罚。

玉帝听过武曲星君的汇报"天宫里各宫各殿,各方各处,都不少官,只是御马监缺个正堂管事"后,封孙悟空为弼马温,是个管马的头。孙悟空在弼马温任上,办事认真负责。"弼马温昼夜不睡,滋养马匹。日间舞弄犹可,夜间看管殷勤;但是马睡的,赶起来吃草;走的捉将来靠槽。那些天马见了他,泯耳攒蹄,都养得肉肥膘满"。

如果按企业的绩效考核制度来进行考核,弼马温的绩效考核肯定是优良,按人才的激励与晋升机制来看,弼马温也应该得到奖励或晋升。孙悟空弄清楚弼马温的官职到底有多大,是半月之后,监里的众监官与他接风贺喜时,喝酒期间才知道原来是"未入流"的,没品的官,最小的官。孙悟空听了,心头火起,咬牙大怒,反下天庭。

从这一次任职经历分析,天庭在孙悟空的考察任用上存在一定的缺陷,没有根据能力大小来任用,但也有上升空间,已经籍名在箓,若受天命,后再升赏;没有进行入职培训,没有试用期,没有学习天庭的制度与纪律:什么可为,什么不可为等。

孙悟空存在无组织、无纪律的大问题:听到情况后,没有将自己的意见反馈给组织,听候组织处置,而是任意枉为,反下天庭。

第二次天庭给孙悟空封的官是"齐天大圣"。这是一个什么官?且听金星对玉帝的解释:"名是齐天大圣,只不与他事管,不与他俸禄,且养在天壤之间,收他的邪心,使不生狂妄,庶乾坤安靖,海宇得清宁也。"也就是说,齐天大圣是个有官名,没有实际工作任务的官。同时这也是孙悟空自己要来的官。

按说天庭应该吸取第一次任用孙悟空失败的经验教训,对其进行认真考核,量才任用。而且已经有了李天王与哪吒三太子降妖不胜的经历,足以说明孙悟空的能力。天庭此次带有明显的糊弄意思,齐天大圣,官品极矣,反没有弼马温的实际工作,不能体现人才的实际能力与作用,导致孙悟空一天到晚东游西逛:闲时节会友游宫,交朋结义。见三清,称个"老"字;逢四帝,道个"陛下"。与那九曜星、五方将、二十八宿、四大天王、十二元辰、五方五老、普天星相、河汉群神,俱各以弟兄相待,彼此称呼。今日东游,明日西荡,云去云来,行踪不定。

这一人力资源政策的弊端很快让许旌阳真人看出来了,他向玉帝启奏,说齐天大圣无事闲游,拉帮结派,恐闲中生事,按现在的话说,不是怕他不作为,而是怕他反作为。还是要给他一项具体的工作任务。

玉帝听取建议,让孙悟空权管蟠桃园。

这是孙悟空在天庭里的第三次任职经历。不管是弼马温,还是蟠桃园临时主管,其实天庭在任用孙悟空这一人才上,没有充分根据其能力进行量才录用。即使宣他作了个"齐天大圣",也是个有名无实的官,最后代管个事,也只是临时性代管蟠桃园子的官,与弼马温有多大区别?更何况猴子本就喜欢吃桃子,这不是明摆着,让猴王到桃园去吃桃子吗?如果不让孙悟空管理蟠桃园,他能轻而易举地偷吃仙桃,大闹蟠桃盛会吗?

在孙悟空代管蟠桃园期间,没有发现蟠桃园主管原是谁任职,有什么职责,代管期间的职责是什么,由谁来进行监督与考核,怎样监督与考核。这些都是空白。孙悟空刚开始任职时,也是敬业的。"当日查明了株树,点看了亭阁,回府。自此后,三五日一次赏玩,也不交友,也不他游。"这是刚交接后,孙悟空的任职情况,这和他管马时一样的认真。但情况出来了,对蟠桃园主管这一块,没有内部控制措施,没有内部牵制制度,孙悟空想偷吃仙桃时,只需吩咐本园土地、挑土、修桃、打扫、锄树力士门外伺候即可,根本没有约束与监管。所以一次之后,有了二次,"迟三二日,又去设法偷桃,尽他享用"。

综观天庭三次任用孙悟空的经历,可以看出天庭在人力资源政策上的缺陷。

第一,没有人力资源的宏观战略,没有明确人力资源的引进、开发、使用、培养、考核、激励、退出等管理要求与具体措施。从孙悟空的三次任用上看,都是权宜之计。第一次,宣上天来管马,是为了免得他在下界惹祸;第二次,封个有名无实的"齐天大圣",是要封住孙悟空的口,免得他说天庭不重用人才,不用贤,实际根本就未给予实际的工作,也是糊弄他的;第三次,管个蟠桃园,还是权管的,也就是临时性的,也是糊弄他的,免得他到处生事。

第二,天庭没有专门的人力资源部门专门从事人力资源管理。从孙悟空的三次任职经历来看,有太白金星的建议、武曲星君的汇报、许旌阳真人的建议,难不成这3个人都是人力资源管理部门的?显然不可能。

第三，没有人力资源的具体考核标准。虽然名义上说授了仙箓，若受天命，再行升赏，但在御马监中，众人跟孙悟空讲了一番话："这样官儿，最低最小，只可与他看马。似堂尊到任之后，这等殷勤，喂得马肥，只落得个'好'字；如稍有些尪羸，还要见责；再十分伤损，还要罚赎问罪。"从这段话中可以看出，弼马温这官真不好当，当好了，也就落个好字，没有升迁，如果没当好，责罚倒是马上来了，这让在基层工作的人才完全看不到晋升的希望，没有绩效考核的标准，也无晋升激励措施。

第四，没有人力资源的内部控制措施与牵制制度。从孙悟空三次任职来看，不管是弼马温、齐天大圣还是蟠桃园主管，在部门之内，或是单位之内，均没有人牵制他，约束他，都是他一个人说了算，没有"将权力关进制度的笼子"，所以孙悟空想反就反，想偷吃就偷吃，想东游西逛就东游西逛，完全是为所欲为。最大的约束是太白金星宣他做"齐天大圣"时，对他说过一句"官品极矣，但切不可胡为"，相当于一句口头诫勉。

第五，论资排辈不改旧规。孙悟空大闹蟠桃会，玉帝向观音菩萨解释原因时，说道设蟠桃会，他乃无禄人员，不曾请他。这全是上会旧规，如今晋升了孙悟空，却也没有对人力资源情况进行更新改变，如果当时就请了孙悟空，他自欢天喜地去做客，也不至于大闹蟠桃会了。

三、精简齐天大圣府

《西游记》一书中第四回"官封弼马心何足,名注齐天意未宁"中,写道孙悟空被召上天庭,封为齐天大圣。玉帝即命工干官——张、鲁二班——在蟠桃园右首,起一座齐天大圣府,府内设个二司:一名安静司,一名宁神司。司俱有仙吏,左右扶持。又差五斗星君送悟空去到任,外赐御酒二瓶,金花十朵,着他安心定志,再勿胡为。孙悟空喜地欢天,在于天宫快乐,无挂无碍。

也就是说,天庭专门为孙悟空修了一座庙,起了一座府,从此将他供养了起来。而且这座齐天大圣府不是一般的府,起用的工匠是张、鲁二班。张、鲁二班是什么人?是工匠的祖师爷,即张班和鲁班。扬州有"张班造桥鲁班修"之说。可见,齐天大圣府修造的档次与规模。用现在的话说,相当于豪宅,一点也不为过。

有了豪宅都不说,还要将齐天大圣养起来,供起来。府里面内设二司,还有庞大的机构及人员,这些机构及人员是做什么的?看看下面就知道了。

话说孙悟空不知官衔品从,也不较俸禄高低,但只注名便了。那齐天府下二司仙吏,早晚伏侍,只知日食三餐,夜眠一榻,无事牵萦,自由自在。

虽说没有俸禄,也就是没有工资,但还要工资干什么呢?什么都是天庭包下来了,住的、吃的、喝的、用的,左右扶持的二仙司:安静司,宁神司,两班人马,队伍庞大,专门为其服务,这些机构、这些人员不要费用的?齐天大圣没有俸禄,不代表他们这些服务的仙吏们没有俸禄,如此庞大的费用从何而来?这些费用记入哪类科目?

孙悟空才不管这些费用不费用,是计入行政管理费用,还是计入固定资产等，反正不要自己做事，将自己养着，还安排如此庞大的机构和众多的人员为自己服务，那种感觉怎一个爽字了得，所以"孙悟空喜地欢天，在于天宫快乐，无挂无碍"。

现实生活中，我们有没有这样的部门，有没有这样的衙门？有没有这样的机构？我们以前也有这样的部门，这样的机构，这样的衙门。正是为了整治这种风气，中央才出台了一系列的政策措施加以规范和控制。

对类似于没有实际效能的齐天大圣府，就应精简。

1962年2月22日，中共中央批转中央精简小组《关于各级国家机关、党派、人民团体精简的建议》。批示指出，目前各级国家机关、党派、人民团体中机构庞杂、人多政繁的现象十分严重，不利于国民经济的全面调整，不利于克服当前的困难，不利于克服官僚主义和分散主义。因此，必须彻底实行"精兵简政"，下决心"拆庙"，裁并机构。当时杨尚昆任精简工作小组组长。

1982年1月13日，邓小平在中央政治局扩大会议上发表题为《精简机构是一场革命》的讲话，对机构改革的性质、任务和方针原则提出重要意见。他指出：精简机构是一场革命。当然，这不是对人的革命，而是对体制的革命。1月19日，中共中央将邓小平的讲话印发中央和国务院各部委认真贯彻落实。随后，中共中央和国务院的机构改革工作逐步展开。

改革开放后，我国先后进行6次国务院机构改革，虽主题各有不同，但共同趋势是：机构规模不断精简，数目减少。从最初适应市场经济发展和社会改革的需求，到后来关注民生、构建服务型政府。据有关部门统计1982—2008年，国务院组成部门数量从52个减为27个，国务院直属机构从42减到16个，国务院办事机构从5个减到4个。

精简了齐天大圣府机构后，接着就要清理齐天大圣府衙门，清理办公用房等。

中共中央办公厅、国务院办公厅2013年7月24日印发《关于党政机关停止修建楼堂馆所及清理办公用房的通知》中规定：一是自通知下发之日起,5年内,各级党政机关一律不得以任何理由新建楼堂馆所;二是各级党政机关要对占有、使用的办公用房进行全面清理,根据不同情况分别作出处理,其中超过《党政机关办公用房建设标准》(原国家计委计投资1999(2250)号规定的面积标准占有、使用办公用房的,应予以腾退。

从这个通知可以看出,精简机构后,不仅不准建新庙,而且原有的多占的还要清退。如此看来,孙悟空还是接点地气的好,老老实实回到花果山水帘洞,搞搞旅游开发,天庭里的闲职齐天大圣是当不成了,齐天大圣府也要腾退出来做其他公用了。

最后,孙悟空被压在五行山下也好,西天取经,升成斗战胜佛也罢,书中都没有说明齐天大圣府究竟在做何使用。如果将其开发成齐天大圣府故居旧址一类的,或许可以打打旅游牌,吸引不少的游客,齐天大圣府左边就是蟠桃园,两个景点连在一起,想来效果更佳。

四、神仙多了民必穷

《西游记》一书中第四十回"婴儿戏化禅心乱,猿马刀归木母空",写道唐僧师徒途经六百里钻头号山,唐僧被红孩儿捉去,孙悟空着实心焦,将金箍棒晃一晃,东打一路,西打一路,两边不住的乱打,打了一会,打出一伙穷神来。

只见他们都披一片,挂一片,裙无裆,裤无口的,跪在山前,叫:"大圣,山神、土地来见。"行者道:"怎么就有许多山神、土地?"众神叩头道:"上告大圣。此山唤做'六百里钻头号山'。我等是十里一山神,十里一土地,共该三十名山神,三十名土地。昨日已此闻大圣来了,只因一时会不齐,故此接迟,致令大圣发怒。万望恕罪。"

原来六百里钻头号山,共有六十位山神与土地。为什么呢?这里是十里一山神,十里一土地,共该三十名山神,三十名土地,共是六十位山神土地。这是典型的人浮于事,职能部门交叉重叠,庙多神多,都要民众供养,民众哪能承受如此之重负,自然油水都榨干了,人们都逃走了。没有了民众的供养,不劳动只想不劳而获的神,自然也就穷了。

六百里钻头号山需要这么多山神、土地吗?肯定不需要。如果山神、土地兢兢业业、勤勤恳恳的工作,也许只需要一个山神、土地就足够了。现在一下子多了五十九个山神、土地,出现的结果会是怎样的呢?他们肯定只会相互比着看谁的工作更轻松,谁得到的实惠更多,工作起来肯定是互相推诿,懒惰懈怠,思想落后,精神萎靡,作风懒散。要不然大圣早一日就到了,也都知道了,却还要等到第二天,大圣将金箍棒晃一晃,东打一路,西打一路,两边不住的乱打,打了一会,才打出一伙穷神来。如果是工作认真负责,早就应该找到大圣,主动跟大圣汇报起工作来了,还需要大圣发怒,打出他们来吗?

如果需要 24 小时工作，可以采取轮班制。如果两班倒，一班 12 个小时，只需二个山神土地；再不济，三班倒，一班 8 个小时，最多只需三个山神土地；最不济，休月假、休年假，轮流上岗，翻一倍，也就需要六个山神土地。现在一下多出了这么多的山神土地，是不是工作就做得更好了呢？根本就没将工作做好，一方山水不得安宁不说，连他们自己都沦为了黑恶势力的附属：只一个妖精，把他们头也摩光了，弄得他们少香没纸，血食全无，一个个衣不充身，食不充口，还常把他们山神土地拿去，烧火顶门，黑夜与他提铃喝号，小妖儿还讨常例钱！这一伙穷神心甘情愿忍受妖怪的折磨，根本就没听说有哪一个山神土地出来管理妖怪，与妖怪作对，反抗妖怪，或向天庭告状，告发这一妖怪，反而都是逆来顺受。为什么，怕妖怪拆了他们的庙宇，他们就当不成即使是穷困潦倒的山神土地了。

吴承恩借助《西游记》讽喻人浮于事，机构多，职能部门多，闲散人员多时，还列举了一个典型的例子，那就是齐天大圣府。这一个机构专为齐天大圣孙悟空而设，专门安排有安静司、宁静司两个司的人员对其进行服侍，服侍的内容是什么，无非就是饮食起居生活，一日三餐，夜晚一眠。但这个齐天大圣有什么工作呢？没有，就是一个闲职，所以他无事牵萦，自由自在。闲时节会友游宫，交朋结义。见三清，称个"老"字；逢四帝，道个"陛下"。与那九曜星、五方将、二十八宿、四大天王、十二元辰、五方五老、普天星相、河汉群神，俱只以弟兄相待，彼此称呼。今日东游，明日西荡，云去云来，行踪不定。这样庞大的齐天大圣府及机构所属人员，形成了庞大的开支，最终未产生一丁点儿的效益。可见天庭闲神何其多，下民供养负担有多大，民众又怎能不穷？

《三国演义》一书中也讲了这一问题。魏蜀吴三国，哪一个的官民比最高呢？蜀公司灭亡时，其官民比是二三十人养一个官员；吴公司灭亡时，是七八十人养一个官员；曹魏公司则是更多的人养一个官员，从曹魏公司中脱胎而出的晋公司，官民的比例比起蜀公司和吴公司来，要少得多，一二百人养一个官员。这也是之所以后来此二公司被晋公司所灭的原因之一。

邓小平同志在1982年的讲话《精简机构是一场革命》中指出：中央直属机关不是拆大庙，但小庙多得很嘛。还有每个庙的菩萨也太多，很有文章可作的，不要以为没有好多油水。

齐天大圣府就是一座人浮于事的大庙，是一定要拆除的，必须的，肯定的；六百里钻头号山这一座小庙里面，供养的菩萨太多了，竟然有六十位山神土地，肯定要精简，要进行一场完全彻底的人事革命，也是必须的。如果哪家私营企业是这样，早倒闭了。至于国营企业、行政事业单位，有没有齐天大圣府，有没有十里一山神，十里一土地的现象，还真难说。

五、唐僧也须受管理

《西游记》一书写的是唐僧师徒西天取经的过程,这一过程离不开唐僧师徒这个取经团队。取经团队能够翻越千山万水,历经千难万险,最终取得真经,其人事管理值得我们细细品味。

先看取经团队的一把手唐僧。唐僧的领导地位,不是靠选举出来的,是靠上方任命的。此上方任命,有两层意思。

第一是下界的。玄奘在下界的名声,是靠自己挣来的。他与佛有缘,生来便由母放在江中,被寺庙中的和尚捡回,取名"江流儿",在寺庙中长大,自幼受佛法熏陶,后来救母报仇。此离奇身世早已在民间传诵。后唐太宗要行佛事,挑选高僧。众官查得他根源又好,德行又高;千经万典,无所不通;佛号仙音,无般不会。所以太宗赐他左僧纲,右僧纲,天下大阐都僧纲之职,书办旨意,前赴化生寺,择定吉日良时,开演经法。这才引来观音货卖袈裟,讲演大乘佛法。太宗为得此佛法,希望有人去取来。玄奘此时自告奋勇,太宗自然大喜过望,称其为"御弟圣僧",并为其取号:"当时菩萨说,西天有经三藏。御弟可指经取号,号作'三藏'如何?"这就是唐三藏的来历。自然下界的任命,是唐太宗任命的。

虽然有观音的"若有肯去者,求正果金身"之功名诱惑,但也有"程途十万八千里"之艰难险阻,都知道此任务之艰巨,也只有玄奘一人自告奋勇出来。为了让他接受重任,完成使命,唐太宗一是与其结拜为兄弟,让其发誓道:"我这一去,定要捐躯努力,直至西天;如不到西天,不得真经,即死也不敢回国,永堕沉沦地狱。"二是为其赐名号,名为"三藏",就是要让玄奘始终都要记住他的使命就是要取回三藏真经。最后怕玄奘取经不回,在为其送别时,还捻土弹入玄奘酒杯之中说道:"日久年深,山遥路远,御弟可进此酒:宁恋本乡一捻土,莫爱他乡万两金。"

可见在取经领导人任命这一事件上,唐太宗是在充分考察的基础上进行的。这一点从让他在化生寺讲经就可以看出。接下来,即使任命玄奘为取经领导人之后,唐太宗还再三叮嘱告诫,又是结拜兄弟,又是赐名号,还捻土入杯进行劝诫,可以看出唐太宗既对这一领导人赋予重托,又对他寄予厚望。这些都是仁治的范畴,没有实质上的约束,无法对一把手进行监督,靠的是自律。这怨不了唐太宗,鞭长莫及,无法实施他律。唐太宗配给玄奘的取经团队根本完全不了任务,没有人来约束玄奘这个一把手。

第二是上界的。如来佛祖要卖他的三藏大乘佛法,特派观音去故弄玄虚,在长安城中货卖锦襕袈裟、九环锡杖,都是为了引起当世皇帝唐太宗的注意,最后在玄奘讲法时出面难他,让他知道大乘佛法,最后告知,大乘佛法"在大西天天竺国大雷音寺我佛如来处,能解百冤之结,能消无妄之灾"。意思就是让他们到西天去取经,也就是如来佛祖要卖大乘佛法,必须有人去买才行。天上飘下的简帖上写得明白。"礼上大唐君,西方有妙文。程途十万八千里,大乘进殷勤。此经回上国,能超鬼出群。若有肯去者,求正果金身。"

挑选一把手,须有组织考察的过程,至少是个得道的高僧。这一点,玄奘已经具备。更何况观音深知这个玄奘,本不简单,原是如来的弟子,十世金蝉转世,这样一个讨如来欢心的机会都不用,那还是观音吗?

对这个一把手,并不是放任自流,还有任期管理。书中第二十三回"三藏不忘本,四圣试禅心"中,观音菩萨将黎山老母与普贤、文殊都请下山来,化作美女,考验试探唐僧师徒。结果唐僧不贪图美色,也不爱恋钱财,一心求取真经,以满分通过了观音菩萨的暗访考察,批语如下:"圣僧有德还无俗,八戒无禅更有凡。从此静心须改过,若生怠慢路途难!"虽然表面上肯定了唐僧,批评了八戒,其实也是对唐僧的一个告诫,说明观音时时都在暗处监督着他,让他不要懈怠,如果不静心,一生怠慢,就会路途艰难! 这也是时时在对唐僧进行鞭挞,让其努力,让其奋进，让其时刻有危机感，有责任感，有使命感。这个监督机制，就是他律，有点将权力关进制度笼子的味道，与唐太宗的自律有着决然的不同。

从整个取经过程来看，唐僧这个一把手，意志是坚定的，态度是坚决的，也正是他的坚定意志，在自律与他律的结合下，最终促成了取经的成功。

最后看取经团队中唐僧下属对他的态度。八戒、沙僧对唐僧都是唯唯诺诺，只有孙悟空经常自作主张，还时不时给唐僧提意见。

第八十五回"心猿妒木母，魔主计吞禅"中，唐僧见那山峰挺立，远远的有些凶气，暴云飞出，渐觉惊惶，满身麻木，神思不安。孙悟空这时便将乌巢禅师的《多心经》念来劝唐僧："佛在灵山莫远求，灵山只在汝心头。人人有个灵山塔，好向灵山塔下修。"悟空接着说："心净孤明独照，心存万境皆清。差错些儿成惰懈，千年万载不成功。但要一片志诚，雷音只在眼下。似你这般恐惧惊惶，神思不安，大道远矣，雷音亦远矣。且莫胡疑，随我去。"那长老闻言，心神顿爽，万虑皆休。

可见唐僧虽是一把手，但下属也对他有监督，有告诫。这也是他律的一部分。同时，唐僧这个一把手，也听从下属善意的规劝。

从《西游记》中对唐僧这个取经一把手的描写，我们可以从中窥出诸多人事管理方面的经验与教训。

六、悟空天庭打官司

《西游记》一书中第八十三回"心猿识得丹头,姹女还归本性",孙悟空说要告状,告托塔天王李靖,原因是他在陷空山无底洞找到了一个所供的牌位,上面写的就是托塔天王李靖。而正是这个山洞的妖怪将他的师父唐僧抓走了。他才要递状词,打官司。看来在明朝,打官司递状词,已经是很普通的事情了。

孙悟空一说要打官司,猪八戒有过天庭的官场经历,曾经当过天蓬元帅,此时来了劲头问道:"哥啊,常言道:'告人死罪得死罪。'须是理顺,方可为之。况御状又岂是可轻易告的?你且与我说,怎的告他?"看来就是当官的(天蓬元帅)告状,都要谨慎,何况孙悟空现在就一平民老百姓?但孙悟空不管这,他有证物,笑道:"我有主张。我把这牌位、香炉做个证见,另外再备纸状儿。"有了证物,八戒道:"状儿上怎么写?你且念念我听。"

行者道:"告状人孙悟空,年甲在牒,系东土唐朝西天取经僧唐三藏徒弟。告为假妖摄陷人口事。今有托塔天王李靖同男哪吒太子,闺门不谨,走出亲女,在下方陷空山无底洞变化妖邪,迷害人命无数。今将吾师摄陷曲邃之所,渺无寻处。若不状告,切思伊父子不仁,故纵女氏成精害众。伏乞怜准,行拘至案,收邪救师,明正其罪,深为恩便。有此上告。"

这一段状词,与现在的状词格式已经大致类同,告状人姓名、年龄、身份或是工作单位、职业等先一一进行了详细的说明。然后转入正题,告状的原因或理由,也就是相当于陈述事实及理由。最后所要达到的目的:伏乞怜准,行拘至案,收邪救师,明正其罪。这就是所要的效果,裁决的结论。当然判决公正,告状人会感恩的,所以说:深为恩便。连八戒听了这状词,都说好。自然孙悟空告状的信心更足了。

可不想虽然孙悟空有了证据,却还是让李靖绑了。孙悟空正没地方撒气放赖,这下可有了由头,一定要告倒托塔天王。天王刚开始不知情,后来哪吒一语点醒他,确实下界有个老鼠精是拜他做了干爹的。天王没办法,只得磕头作揖请金星来当调解员。

金星这个调解员太老道了,他不说官司不好打,不说什么吃了原告吃被告等,只说了一个"拖"字,就让孙悟空大伤脑筋。

金星对孙悟空道:"'一日官司十日打。'你告了御状,说妖精是天王的女儿,天王说不是,你两个只管在御前折辩,反复不已,——我说天上一日,下界就是一年,这一年之间,那妖精把你师父,陷在洞中,莫说成亲,若有个喜花下儿子,也生了一个小和尚儿,却不误了大事?"看来在明朝,打官司就喜欢拖,不然不会有"一日官司十日打"这样的流行语。这一拖,无形之中会给打官司的双方增加无穷的诉讼费用,当然也会给判官增加说不准的灰色收入。

关键是孙悟空等不起,听调解员这样一说,他也软了下来,低头想道:"我离八戒、沙僧,只说多时饭熟,少时茶滚就回;今已弄了这半会,却不迟了?"于是跟金星回话道:"老官儿,既依你说,这旨意如何回缴?"却不撒泼放赖了。

金星的老道在这时体现得更加淋漓。金星道:"我教天王点兵,同你下去降妖,我去回旨。"行者道:"你怎样回?"金星道:"我只说原告脱逃,被告免提。"也就是说原告自己跑路了,被告提来审也没意义了,免提了罢。如果放到现在,应该是双方在调解员的调解下,达成和解协议,原告撤诉。

我们财务人员也会遇到类似的事件,甚至要进行账务处理。企业的市场经济行为,难免会发生经济纠纷,自然也免不了诉讼事件。当然也有调解成功的,也有调解不成功的。调解成功的,企业收回多少收益,或承担多少损失,是明确的,可以合理地计量,自然就有了记账的依据;调解不成功,判决的,如果是终审判决,必须执行的,财务也有可以明确计量的金额,如不是终审判决,还要再上诉的,那就成了后面的未决诉讼。未决诉讼，其收益与损失，都是暂时不能明确计量的，在财务报表中，应该表述为或有损失与负债。

在经济纠纷的诉讼过程之中，财务人员往往起着很重要的作用。诉讼案件中涉及经济事项的原始凭证，必须由财务人员来提供。如涉及经济往来的，财务人员不仅要提供原始凭证，还要提供交易记录，甚至是银行流水作为证明；又如经济合同，一般财务都有复印存档，或作为记账的依据，这些就如孙悟空拿到的牌位、香炉一样，是铁证，也是诉讼案件中的呈堂供证。

当然谁都不希望打官司，耗费人力物力财力，更拖不起，如孙悟空一样，大家都讲诚信，都和谐，便也没有诉讼事项了。但如果确有损害企业利益的，调解不成，一定要有孙悟空一样的勇气，付诸诉讼。如果孙悟空不告状，托塔天王李靖肯定不会主动派天兵天将帮他降妖，这就是告状带来的效果，自然也让损害企业利益者老鼠精受到了应有的惩罚。

七、沙僧实走取经路

唐僧师徒西天取经,其团队中最不起眼的人物便是沙悟净了。没打多少妖怪,没化多少斋饭,也没出过多少风头,给人的感觉除了平庸还是平庸。其实他是团队中最坚定的实干派。

第一,讲老实话。第四十八回"魔弄寒风飘大雪,僧思拜佛履层冰"中,通天河的妖怪弄法,让通天河结了冰,唐僧要踏冰过河,而陈家庄的陈老说要等雪融冰解后,他办船相送。争执不下时,沙僧道:"就行也不是话,再住也不是话。口说无凭,耳闻不如眼见。我备了马,且请师父亲去看看。"正因沙僧说的是老实话,所以陈家庄的陈老说:"言之有理。"这样唐僧师徒才到通天河畔亲自察看,能否过河。

第八十一回"镇海寺心猿知怪,黑松林三众寻师"中,唐僧被妖怪掳走,孙悟空气八戒和沙僧保护师父不力,要打他们。沙僧跪下道:"兄长,我知道了。想你要打杀我两个,也不去救师父,径自回家去哩。"沙僧这是说的气话,孙悟空打死他们两个后,能有什么好呢?一个人回家?这肯定是孙悟空所不愿意的。所以孙悟空道:"我打杀你两个,我自去救他!"沙僧笑道:"兄长说的那里话!无我两个,真是'单丝不线,孤掌难鸣。'兄啊,这行囊、马匹,谁与看顾?宁学管鲍分金,休仿孙庞斗智。自古道:'打虎还得亲兄弟,上阵须教父子兵'。望兄长饶打,待天明和你同心戮力,寻师去也。"这一番话,不光是老实话,简直苦口婆心,这样说得孙悟空回心转意,与八戒、沙僧团结一心,共同将师父救了出来。

第二,办老实事。任劳任怨,埋头苦干,挑担牵马,恪尽职守。认认真真做事,规规矩矩办差,不计得失,不要滑头。取经团队中,孙悟空与猪八戒的职位都比沙僧高,他是排在末位的,但他从来没有妄自菲薄,总是坚定地执行着团队领导人唐僧的命令,坚定地执行着取经这一神圣使命,从来没有退缩过。相反孙悟空与猪八戒倒是隔三岔五地出些问题。

先看孙悟空。五行山下脱难后没多久,听不得唐僧教训,使小性子,说走就走了,扔下唐僧一人;后来有了紧箍咒的约束,方才收敛一些;但还是屡次犯错,被唐僧一逐、二逐,乃至三逐,虽然这其中唐僧也有错,但悟空逞强好胜,爱出风头的性格,和沙僧任劳任怨的性格形成了鲜明的对比。设想一下,如果孙悟空遇到了唐僧的批评,也如沙僧一样,唐僧能一逐、二逐、三逐孙悟空吗?显然是不可能的。如果孙悟空也像沙僧一样,老老实实办事,也许根本要不了14年的折腾,早就将真经取回大唐了。

再看猪八戒。猪八戒贪吃,这个缺点原算不上缺点,如果肚子吃不饱,怎么去办事取经呢?贪色、贪财,在四圣试禅心中,有集中的体现;偷懒卖滑、两面三刀,人前一套,人后一套,巡山时不认真,杜撰出什么石头山、石头洞、钉钉铁叶门;老是在唐僧面前说孙悟空的坏话,挑拨生事;最可恨的是每到紧要关头,总是自己一个人跑,丢下其他人不管,沙僧几次被抓,就是拜他所赐。如果猪八戒能像沙僧一样,办老实事,整个取经团队要少添多少堵?

第三,做老实人。每次遇到了困难与阻力,唐僧被妖怪抓住了,妖怪总是很强大、很狡猾,表面看来救唐僧是无望了,这时八戒总是第一个跳出来,嚷着要散伙。这时出来相劝的总是沙僧;孙悟空与猪八戒闹起了矛盾,孙悟空烦躁起来,要打八戒,一旁相劝的也是沙僧;唐僧怪罪悟空妄开杀念,枉杀无辜时,要念紧箍咒,沙僧苦劝。显然这不光是劝,从一个苦劝中,可以看出,沙僧劝的力度,下的功夫。这和猪八戒形成了鲜明的对比,八戒总是想抢风头,人前人后,两面三刀,当着孙悟空和唐僧的面是一套,而背后玩的却是另一套,唐僧要念紧箍咒,八戒竟然高兴得跳脚!

在碗子山波月洞,沙僧几次都是做着舍生取义之事。先是八戒与妖怪打斗,在渐渐不济、气力不加、钉钯难举之时道:"沙僧,你且上前来与他斗着,让老猪出恭来。"哪有生死之机,还要出恭的?忍也要忍着嘛!明显猪八戒是打不赢了,想脚底下抹油,开溜。但沙僧还是义无反顾地上前与妖怪战斗,自然被妖怪抓住了。这是他第一次舍生取义。

还有一次,公主救了师父唐僧,并让唐僧给国王带了书信,国王这才派八戒、沙僧来救公主回国。妖怪此时要将宝象国的公主杀掉。沙僧暗想道:"分明是他有书去。——救了我师父。此是莫大之恩。我若一口说出,他就把公主杀了,此去不是恩将仇报?罢!罢!罢!想老沙我跟师父一场,也没寸功报效;今日已此被缚,就将此性命与师父报了恩罢。"从这三个"罢!罢!罢!"中,可以看出沙僧内心的激烈斗争。这是连命都不要了,也要救公主、救师父。

其实唐僧的三个徒弟很像我们人生的三个阶段:悟空像人在年轻的时候,冲动、愤怒、张扬、显摆;八戒像人到中年的时候,贪婪、欲念、懒惰,还有想走捷径,想贪小便宜;而沙僧像人到老年的时候,平静、本分、心有敬畏,所谓家有一老是一宝。

综观整个取经过程,虽然沙僧的能力小、本领不高,但他是最坚定地跟随着唐僧,执行取经任务的,并且在取经团队中起着调解劝说员的作用,发挥出家有一宝的作用,让大家团结一心,拧成一股绳,最终才发挥出团队的力量,取得真经。

八、论功行赏取经人

《西游记》一书中第一百回"径回东土,五圣成真",如来佛祖对完成了取经任务的唐僧师徒论功行赏,从中我们可以窥出西天人力资源政策之一斑。

佛祖对唐僧说道:"圣僧,汝前世原是我之二徒,名唤金蝉子。因为汝不听说法,轻慢我之大教,故贬汝之真灵,转生东土。今喜皈依,秉我迦持,又秉吾教,取去真经,甚有功果,加升大职正果,汝为旃檀功德佛。"

"孙悟空,汝因大闹天宫,吾以甚深法力,压在五行山下,幸天灾满足,归于释教;且喜汝隐恶扬善,在途中炼魔降怪有功,全终全始,加升大职正果,汝为斗战胜佛。"

"猪悟能,汝本天河水神,天蓬元帅。为汝蟠桃会上酗酒戏了仙娥,贬汝下界投胎,身如畜类。幸汝记爱人身,在福陵山云栈洞造孽,喜归大教,入吾沙门,保圣僧在路,却又有顽心,色情未泯。因汝挑担有功,加升汝正果,做净坛使者。"

八戒口中嚷道:"他们都成佛,如何把我做个净坛使者?"

如来道:"因汝口壮身慵,食肠宽大。盖天下四大部洲,瞻仰吾教者甚多,凡诸佛事,教汝净坛,乃是个有受用的品级。如何不好!"如来倒也能因才施用。

"沙悟净,汝本是卷帘大将,先因蟠桃会上打碎玻璃盏,贬汝下界,汝落于流沙河,伤生吃人造孽,幸皈吾教,诚敬迦持,保护圣僧,登山牵马有功,加升大职正果,为金身罗汉。"

"汝本是西洋大海广晋龙王之子。因汝违逆父命,犯了不孝之罪,幸得皈身皈法,皈我沙门,每日家亏你驮负圣僧来西,又亏你驮负圣经去东,亦有功者,加升汝职正果,为八部天龙马。"

这一番论功行赏,可以看出西天的诸多人力资源政策。

首先,人力资源政策目标明确。启用唐僧师徒并白龙马这一团队,考核的方法就是目标管理法,让其组成团队,目标明确:到西天取经,传与东土,弘扬佛法。

其次,任用及考核分层严格。取经团队,队长是唐僧,考核后升级成佛;为什么让他当队长?如来举贤不避亲,唐僧前世是他之二徒。孙悟空是大徒弟,取经途中出力最多,升级成佛;八戒、沙僧、白龙马,虽在取经团队中都有功劳,但比起队长唐僧、大弟子孙悟空,还有差距,所以只能封为使者、罗汉、天龙马。

第三,有过必罚,有功必赏。唐僧师徒,包括白龙马在内,前都是有过的,必罚,所以才有了取经途中的一个团队,这一团队都是受罚的团队,只不过给予了他们将功补过的机会。后都是有功的,历经千难万险,取经成功,必赏。这是充分运用了人力资源政策中的激励机制。

第四,允许改过,承认自新。西天的人力资源政策,并不是犯了错误便一棒子打死,不给予其悔过自新的机会,唐僧师徒及白龙马都曾有过,但都给予了他们改过自新的机会,他们也都抓住了这一机会,成功进取,修成正果。

第五,因人而异,因材任用。这在对猪八戒的任用上体现得尤其突出。猪八戒还在嚷着他们都成佛,而自己只能做个使者时,如来道:"因汝口壮身慵,食肠宽大。盖天下四大部洲,瞻仰吾教者甚多,凡诸佛事,教汝净坛,乃是个有受用的品级。如何不好!"此任命一举两得,既可以净坛,又可以让猪八戒吃个饱饭。当然唐僧取经成功,功德无量,封为旃檀功德佛;孙悟空一路战斗,降妖伏魔,所以封为斗战胜佛。这都体现了人力资源政策中的因材任用。

第六,从纪律约束到自我约束。这从孙悟空的紧箍咒中体现了出来。孙悟空从五行山下,被唐僧救了出来时,意志并不坚定,也受不得委屈,这时没有纪律约束不行,于是给他戴上了紧箍咒,但到了取经后期,唐僧基本已经没有念过紧箍咒了,因为孙悟空已经完全能够自我约束,不仅自我约束,还上升成了一种责任感、使命感。这是从纪律约束上升到了更高的一个层次。所以当孙悟空向如来佛祖请求,去掉头上的紧箍咒时,如来说你摸摸看,还有吗?悟空一摸,果然已经没有了。对已经具有强烈责任感与使命感的员工来说,他们绝对会自觉遵守人力资源政策里面所规定的纪律约束了。

《西游记》一书的作者写的是西天的人力资源政策,其实哪有什么西天、东天呢,还不是作者借用西天来说人间。作者在作品中所体现的人力资源政策或许是作者所处时代以及所处时代前期的人力资源政策,也或许是作者心中理想的人力资源政策。

九、反用绩效散群妖

《西游记》一书中第七十四回"长庚传报魔头狠,行者施为变化能",孙悟空到狮驼岭去打探消息,他变作巡山的小妖怪"小钻风",混入了妖怪的二层营盘,当众妖怪打听他巡风时,是否遇见孙悟空,他吓唬道:"撞见的。正在那里磨杠子哩。""他蹲在那涧边,还似个开路神;若站起来,好道有十数丈长!手里拿着一条铁棒,就似碗来粗细的一根大杠子,在那石崖上抄一把水,磨一磨,口里又念着:'杠子啊!这一向不曾拿你出来显显神通,这一去就有十万妖精,也都替我打死!等我杀了那三个魔头祭你!'他要磨得明了,先打死你门前一万精哩!"那些小妖闻得此言,一个个心惊胆战,魂飞魄散。行者又道:"列位,那唐僧的肉也不多几斤,也分不到我处,我们替他顶这个缸怎的!不如我们各自散一散吧。"众妖都道:"说得是。我们各自顾命去来。"假若是些军民人等,服了圣化,就死也不敢走。原来此辈都是些儿狼虫虎豹,走兽飞禽,呜的一声,都哄然而去了。这个倒不像孙大圣几句铺头话,却就如楚歌声吹散了八千兵!

话说孙悟空只几句话便将群妖散去了不少。这里面虽然有他前面夸赞自己本事大,吓唬群妖的作用在里面,其实群妖散去的最关键因素,还是孙悟空反用绩效,让群妖看到了风险很大:动不动就是先打死门前一万精;而后面却没有实质性的奖励与回报,或者说回报很少,甚至是没有:唐僧肉有几斤?能分到你处吗?想也不用想了,你就是个顶缸的,替死的,冲在前面的炮灰。这是事实,摆在眼前,谁都明白。在收益与风险之间进行比较,悬殊太大了,太不划算了,群妖这才散去。

书中说"假若是些军民人等,服了圣化,就死也不敢走。"其实这话说得不符合实际。现实社会中,如果只有风险,没有收益与回报,就是服了圣化的军民人等,肯定也会走的,不会死也不走了,没有这样的傻子。

  这里体现的是绩效考核中的公平原则。企业必须公平地设定考核指标,贯彻劳动与报酬相配比的原则,对员工付出劳动所产生的绩效进行公平界定。书中群妖为了捉拿唐僧,付出的是可能被打死的代价,但这个劳动付出后,得到的报酬是什么呢?唐僧肉少得很,根本就没你小妖的份,想也不用想。当然这付出与报酬根本就不相配比。自然也就体现不出公平原则了。

  曾经有一段时间,东南沿海的企业招不到工人,企业出现了用工荒。为什么会出现用工荒呢?这和企业的薪酬相关。当初东南沿海的企业中,有一大批是劳动密集型企业,企业工人的工资水平相对较低,企业正是在低劳动成本的情况下,才能有盈利,一旦劳动成本上升,企业难以盈利的情况下,自然不愿意去高薪聘请工人,而实际上企业生产岗位却还存在空缺,自然生产不能满负荷开工,也就有了用工荒。当然这和企业的转型升级相关,和企业提高科技竞争力相关,也和企业的绩效相关。为什么这些企业中的某些企业转移到东南亚的其他国家又能生存?就是因为当地的工资水平低,当地的劳动力认为他们付出的劳动,可以与他们的薪酬工资相配比。

  狮驼岭上的群妖,之所以到狮驼岭的营盘之中,肯定是因为当初即使是报酬低,他们也认为和他们付出的劳动相配比。但现在孙悟空一来,他们付出的劳动与代价就太高了,是以性命作为代价的,所以他们认为他们的回报得成正比,可那是不可能的。唐僧肉就那么几斤,能有小妖的份?当然他们得散了。一如当初东南沿海企业的劳务工纷纷回乡创业一样。我在家乡付出的劳动就能得到与背井离乡付出劳动得到的回报一样,为什么还要背井离乡呢?

  我国在新农村建设以及农村城镇化的建设中,会带动当地经济的发展,必然也会带来新的就业机会,劳动者是否会在当地就业或是创业、创新,就看他们所得到的回报与他们所付出的辛劳的配比程度了。

如果是匹配的,他们肯定会留在当地。如果不匹配,他们肯定会去寻找对于他们来说,他们认为匹配的机会。

现在国家提倡的大众创业、万众创新,说的是自己给自己创造机会,不是去比较别人给自己提供的机会,在付出与回报中是否配比,是否公平,而是考核自己的投入与回报是否值得。也就是说,这不是自己去当炮灰,而是自己去寻找唐僧肉,有多少自己就可以吃多少。当然有合作伙伴,给合作伙伴分多少,那是另外一回事,涉及利益分配了。

十、人才选拔有奇效

《西游记》一书中有两处写了特殊情况下的人才选拔。我们来一一分析。

第一次是七十六回"心神居舍魔归性,木母同降怪体真"中,狮驼岭上三个妖魔,老魔与二魔与孙悟空等交战,都被打败了,情愿送唐僧师徒过关。这时三魔献了一个"调虎离山"之计。老怪道:"何谓调虎离山?"三怪道:"如今把满洞群妖,点将起来,万中选千,千中选百,百中选十六个,又选三十个。"老怪道:"怎么既要十六,又要三十?"三怪道:"要三十个会烹煮的,与他些精米、细面、竹笋、茶芽、香蕈、蘑菇、豆腐、面筋,着他二十里,或三十里,搭下窝铺,安排茶饭,管待唐僧。"老怪道:"又要十六个何用?"三怪道:"着八个抬,八个喝路。我弟兄相随左右,送他一程。此去向西四百余里,就是我的城池。我那里自有接应的人马。若至城边……如此如此,着他师徒首尾不能相顾。要捉唐僧,全在此十六个鬼成功。"老怪闻言,欢欣不已,真是如梦方醒,似梦方觉。

也就是说,三魔为了达到捉住唐僧的目的,采取了特殊政策,不拘一格起用人才。这十六个小妖,都是万里挑一,选拔上来的,自然都精细伶俐。果然三个魔头在城边与孙悟空三人大战,也就是"调虎离山"之计生效,孙悟空三人被调离,无法顾及唐僧时,这十六个小妖却遵号令,各各效能:抢了白马、行囊,把三藏一拥,抬着轿子,径至城边,喊开城门,将唐僧抢进了城去。

第二次是八十五回"心猿妒木母,魔主计吞禅"中,唐僧师徒来到隐雾山,山中有个折岳连环洞,洞中有个妖怪,想吃唐僧,但斗不过孙悟空一行,正在烦恼之时,一个小妖献计道:"我有个'分瓣梅花计'。"老妖道:"怎么叫做'分瓣梅花计'?"小妖道:"如今把洞中大小群妖,点将起来，千中选百，百中选十，十中只选三个，须是能干、会变化的，都变做大王的模样，顶大王之盔，贯大王之甲，执大王之杵，三处埋伏。先着一个战猪八戒，再着一个战孙行者，再着一个战沙和尚：舍着三个小妖，调开他弟兄三个，大王却在半空伸下拿云手去捉这唐僧，就如'探囊取物'，就如'鱼水盆里捻苍蝇'，有何难哉！"

好个"分瓣梅花计"，这分出的每一瓣梅花，都是一个特殊的人才，都是大小群妖中千里挑一的、最能干的、有本领的、能变化的，还要能打一打的。果然老妖的这一"分瓣梅花计"起了作用，真将唐僧捉到了山洞之中。

综观这两次选拔，有以下几个共同的特点。

（1）突出了责任意识。这两次选人，都是在危难之时开始选拔的，很显然被选拔的对象都知道这次选拔的目的、意义，甚至也知道选拔出来后要去做的事，也就是要承担的责任与义务，是要有责任意识，担当意识，当然也知道如果失败的后果，很有可能就是牺牲生命。书中没有写老妖怎样给被选出来的小妖做工作，如果失败，给予他们什么样的补偿，但从小妖们都认真执行了老妖的命令，而且都取得了成功来看，这两次选拔出来的小妖都具有责任意识。

（2）突出了专业胜任能力。两次选拔都是因事设岗，因岗选人，突出了专业胜任能力。事，很简单，捉唐僧；也很难，他的三个徒弟都厉害。临时被招聘到岗的不管是十六个人，还是三个人，都是"没有金刚钻，不揽瓷器活"的主，稍有不慎，一步走错，便会满盘皆输，没有灵活应变的能力，没能胆量与勇气，没有几把硬刷子，是干不来的。

（3）体现了公开、公平与公正。这种选人，肯定是公开、公平、公正的选人，来不得半点虚假的，所以是万里选千，千里选百，百里选十，十中再选，谨慎了又谨慎。否则老妖的计划就会因一个人的选择不当而落空。老妖在这个节骨眼上，要挑选的都是能受命于危难之际的人才。此次选拔所进行事项风险之巨大，妖洞之中的大小群妖都清楚，钻营之辈更清楚，也许这次钻营，不仅讨不到好，还要搭上性命。钻营不划算。

（4）运用了激励政策。两个老妖在捉拿唐僧的过程之中都运用了激励政策,即捉到了唐僧,论功行赏,该给予这些被选拔出来的人才怎样的奖励,比如唐僧肉多吃一块,等等。不然,这些小妖从骨子里都是害怕孙悟空与猪八戒、沙和尚的,也经不得他们一打。为什么会冒这样大的风险,就是因为背后有巨大的利益,风险越大,利益越大。比如献了"分瓣梅花计"的小妖,就被老妖升成了先锋。

从这两次老妖的人才选拔,并成功捉拿唐僧的过程之中,我们也可以吸取一些人才选拔的经验。

十一、唐僧一逐孙悟空

《西游记》一书写的是取经的故事,取经离不开取经团队。取经团队如何管理,这里面包含了很多的人力资源政策。例如唐僧三逐孙悟空,就是经典案例。我们主要分析财务人员在其中的经验与教训。

书中第十四回"心猿归正,六贼无踪"写道,孙悟空刚被唐僧收为徒弟不久,一伙盗贼要来抢劫,反被孙悟空打死之后,唐僧教训道:"你十分撞祸!他虽是剪径的强徒,就是拿到官司,也不该死罪;你纵有手段,只可退他去便了,怎么就都打死?这却是无故伤人的性命,如何做得和尚?出家人'扫地恐伤蝼蚁命,爱惜飞蛾纱罩灯'。你怎么不分皂白,一顿打死?全无一点慈悲好善之心!早还是山野中无人查考;若到城市,倘有人一时冲撞了你,你也行凶,执着棍子,乱打伤人,我可做得白客,怎能脱身?"

此时的孙悟空相当于企业一个新入职的员工,正在接受领导的批评。唐僧的一番话,其实大有道理。一是虽然六个盗贼是强徒,但罪不致死;二是打死他们相当于故意伤害;三是如若在城市人烟广众之处也像这样,会打死多少人?

其实,作为一个企业,对新入职的员工,应该有入职的培训教育,职业道德的教育,纪律与制度的教育,能够做哪些事,不能够做哪些事,哪些是违背制度与纪律的,违背后有怎样严重的后果等。有的企业还有员工手册,详细进行了说明。除了入职培训,应该还有试用期。试用期有试用期的工资,转正后有转正的工资。

严格来说,刚被唐僧收做徒弟的孙悟空此时就在试用期内,但没有进行入职培训。现在有了一个事例,正好唐僧借此做入职培训,跟孙悟空摆事实,讲道理,开导于他。

孙悟空哪里听得进去，反列举自己在花果山时任意枉为的事情。唐僧道："只因你没收没管，暴横人间，欺天诳上，才受这五百年前之难。今既入沙门，若是还像当时行凶，一味伤生，去不得西天，做不得和尚！"唐僧这番话也说得大有道理。你现在既然加入了取经团队，入了沙门，就要受沙门的约束，当了和尚，就要遵守和尚的戒律。

孙悟空以前虽然有在天庭工作过的经历，但很短暂。他任弼马温时，是直接上岗的，没有入职的教育与培训，是靠自己摸索养马的，况且时间短暂。

后来当了齐天大圣，那只是个闲职，有名无实。当然也没受到过什么约束。不知道什么是制度，什么是纪律。

孙悟空受了领导的批评之后，使小性子，耍小脾气，擅自炒了唐僧的鱿鱼，全然忘了唐僧的搭救之情。他见唐僧只管絮絮叨叨，按不住心头火发道："你既是这等，说我做不得和尚，上不得西天，不必恁般絮聒恶我，我回去便了！"

这是一种无组织无纪律的做法，严重违背了企业的制度与纪律，领导批评，不仅不虚心接受，反而使小性子，耍小脾气。这样的员工，应该没有企业愿意接受。试用期的，肯定不用转正了，直接辞退就行了。

好在孙悟空到东海龙王处，东海龙王帮唐僧给他上了一堂入职培训课，给他讲了张良"圯桥三进履"的故事。黄石公坐在圯桥上，失履于桥下，让张良去捡，一连三次，张良无丝毫急慢之心。石公爱他勤谨，夜授天书，着他扶汉。后来果然运筹帷幄，决胜千里。然后龙王语重心长地劝导孙悟空："大圣，你若不保唐僧，不尽勤劳，不受教诲，到底是个妖仙，休想得成正果。"

经过龙王一番培训与开导，孙悟空认识到了自己的错误，主动回到了唐僧身边。可是如果孙悟空再使小性子，耍小脾气，一个筋斗十万八千里，唐僧怎么约束于他呢？当然菩萨不能让孙悟空再不受制度与纪律的约束，所以唐僧按菩萨的旨意，给他戴上了紧箍咒，有制度，有纪律，管束于他，不让其放任自流。

当唐僧一念紧箍咒，孙悟空便痛得满地打滚时，孙悟空才认识到了纪律与制度的严肃与厉害。唐僧道:"你今番可听我教诲了?"行者道:"听教了!"——"你再可无礼了?"行者道:"不敢了!"

此时孙悟空还不死心,还想打唐僧,或者再去找观音菩萨,唐僧念起紧箍咒,告诫他,自己都是菩萨教的,菩萨肯定会,怎么还容你去捣乱?这时孙悟空才死心塌地,真正接受了唐僧的入职教育,抖擞精神,保唐僧西去。可见对新入职员工的培训与教育,让其接受纪律与制度的约束,何其重要。

对新入职的会计人员来说,职业道德的教育与培训尤为重要。《会计基础工作规范》中,将会计职业道德的内容概括为八条:爱岗敬业、诚实守信、廉洁自律、客观公正、坚持原则、提高技能、参与管理、强化服务。这些是戴在新入职的会计人员头上的紧箍咒。其实随着会计人员素质的提高,已经能够自觉运用这些的时候,就如孙悟空得道一样,摸一摸头上,早已没有了金箍,这些纪律与制度,规范的约束,已经深入骨髓,铭刻于心,此时的财务人员已经成熟了。

十二、唐僧二逐孙悟空

唐僧二逐孙悟空,是第二十七回"尸魔三戏唐三藏,圣僧恨逐美猴王"。孙悟空三打白骨精,但那白骨精,却是分别变化成一个月貌花容的女儿,一个年满八旬的老妇,一个老公公,好似孙悟空打杀的便是一家三口。孙悟空火眼金睛,自然认得是妖怪,但唐僧是凡眼肉胎,哪里认得妖怪,错怪悟空,也是情理之中。唐僧后来也认识到了自己的错误。

这回书中,人们大多认为错在唐僧,分不清妖怪,反冤枉孙悟空——这是对企业领导者的分析。但从企业员工来分析,孙悟空也有过错。

第一,取经路上,孙悟空保护唐僧经过了多少山头,打过多少妖怪,每次情况不明,总是将山神、土地打出来,问上一问。这个时候,无非是要个证人,说明自己打的是妖怪,而不是贫民百姓。难道找个证人就这样难吗?难道其他地方的山神、土地都听孙悟空的,唯独此处的山神、土地不听孙悟空的,不跟他讲真话,不如实告诉唐僧师徒这个妖怪的来历与厉害?而且孙悟空最终打杀妖怪,也是念动咒语,让当坊土地、本处山神在云端里照应,才将妖怪打杀的。让他们出来证一证,又有何妨?

财务注重证据。白纸黑字,合同、契约、发票、审批手续等都是财务最直接的证据。如果领导不相信财务人员反映的情况,对所处理的经济业务持怀疑态度的时候,财务人员需要迅速拿出最直接的证据来进行证明。而且有时外部证据比内部证据更有说明力。

第二,孙悟空没有和八戒与沙僧搞好同事之间的关系,自以为老子天下第一,老子打妖怪,那是大功臣。如果和两位师弟搞好了关系,他们都来帮自己说明,证明被打死的就是妖怪,而且是三兄弟一起打死的,那唐僧还会一意孤行而驱逐孙悟空吗?如果是三兄弟一起打死的,唐僧驱逐孙悟空一个人行吗?那不是三个都得驱逐,唐僧不真成了孤家寡人了?特别是在唐僧旁边唆嘴帮腔的猪八戒,如果孙悟空团结猪八戒,打妖精的功劳也有他的一半,他还会一而再再而三地在唐僧面前说孙悟空的不是吗?特别是唐僧赶他走时,他还在自夸,说他走之后,唐僧手下无人,唐僧回复道:只你是人,那悟能、悟净就不是人?

财务部门对内要和各个业务部门如供销、采购、生产、行政人事部门等进行合作。如果财务部门总认为自己的部门最重要,自己所做的贡献最大,不和其他业务部门很好地合作,那就容易形成孙悟空的结局,既然功劳都是你的,那么责任也都是你的,错误也都由你来承担。

第三,孙悟空对待事情太执拗,只讲了原则性,没有灵活性。对唐僧一而再再而三地劝阻未加理睬,也未采取其他有效的措施来缓解这一矛盾。比如换个方式,请个神仙,拿个照妖镜之类的,一照妖精便现了原形,还需要三番五次证明自己的清白吗?为什么孙悟空经常去天宫请神仙来帮助,这回就忘记了呢?还是太过执拗,认为自己能摆平,只讲了原则性,不善于变通,缺乏了灵活性。

财务人员也经常遇到这样的难题,跟领导总是解释不通。这里面有多种原因,比如财务术语太专业,领导根本就听不懂,一如唐僧根本就不认识妖怪。如果财务人员换一种方法,用打比方的形式,领导熟悉的方式,变换一种通俗易懂的语言,也许就能起到事半功倍的效果。

第四,孙悟空根本没有想到申诉或其他措施,而是直接回了花果山水帘洞,当上了山大王,一走了之,根本没想措施找方法解决这一问题。这是孙悟空的不到之处。后来他再受了委屈,唐僧要赶他走,他就没回花果山,而是去了南海,找观音菩萨申诉去了——这说明他已经学会了吃一堑,长一智。

当然在花果山,孙悟空应该进行了深刻的反思。所以猪八戒去请他,表面上请不动,暗地里,他却让猴子猴孙们跟踪八戒,说明他还是心里记挂着取经团队,想回到团队之中,去实现团队的战略目标。但自己没有一个梯子好下。八戒一嚷,好了,梯子来了,正好借驴下坡。

其实财务人员有很多时候的处境和孙悟空一样,明明自己打的是白骨精,办的业务是正确的,但领导就是要批评呢?甚至没有得到同事的理解与认可,更有甚者,因为得罪了领导,被炒鱿鱼,走人。如果严重到走人的情况,财务人员就要慎重对待,而不是像孙悟空一走了之了。除非处理财务人员的领导就是最高领导,到顶了,已经没有回旋的余地,否则财务人员还可以向领导的领导反映事实,陈述详情,以求理解与支持。当然如果有财务或其他业务部门的同事能够理解支持并出面佐证是最好的,如八戒、沙僧都说孙悟空打的是妖怪,如果山神、土地也出面,或是天上的哪个神仙也将照妖镜拿下来,照给唐僧看,事实面前,唐僧肯定会改变初衷的。

对财务人员来说,保护好了自己,才能更好地开展工作。

十三、唐僧三逐孙悟空

孙悟空第一次被唐僧所逐，是没有经历过入职培训，不懂得纪律与制度，从未受过约束，突然之下，难以适应。所以有了东海龙王的开导，观音菩萨紧箍咒的约束，他认识到了自己的错误，开始了西天取经之路。

孙悟空第二次被唐僧所逐，看似唐僧分不清好歹，其实孙悟空也有过错，我们在前面已经剖析了其过错之一二三。作为一名老员工，他不吸取经验教训，终于导致了第三次被驱逐。都说事不过三，孙悟空，何等精明之人，怎么这个道理都不懂了呢？

唐僧三逐孙悟空，发生在第五十六回"神狂诛草寇，道昧放心猿"中，孙悟空打杀了一伙强盗，未听唐僧不要伤人的劝阻，被唐僧驱逐出取经团队。孙悟空在这件事情中，明知故犯，强盗虽然有罪，但罪不至死。也就是说，孙悟空对强盗的处罚过重，失当。毫无疑问，这是孙悟空的过错。后来孙悟空到观音处哭诉，观音秉公而论，也是悟空的不善。应该处罚，念念紧箍咒可以了，也不至于开除走人。其中还有深层次的原因。

第一，认错态度不好。先期打死了两个强盗，唐僧让八戒埋了，做法事超度他们，要他们到阎王那里告状，孙悟空却在那里摆弄自己的本领高强，不怕告状。如果孙悟空认识到自己的错误，诚恳地在他们的坟头认错，也许唐僧不会如此怨恨于他。

第二，不会和同事搞好关系。唐僧在被打死的强盗坟前超度时，要他们到阎王处告状，只告孙悟空，不告唐僧、八戒与沙僧。孙悟空此时已将自己孤立起来了。

孙悟空的同事就两个。先看八戒。八戒缺点很多，一是懒惰，二是贪吃,三是贪色。孙悟空总是挤兑他,捉弄他,从未设身处地为他着想,帮助他。如果孙悟空多一点包容的心,和八戒、沙僧一起联动,而不是每次都是自个儿逞强,自然八戒也不会去恨悟空,不帮他。

除了八戒,还有沙僧呀。这是个实证派的人物,什么事情都不会轻易表态。这也有个好处,谁都不得罪。但他说的做的也还有理,他总是看了再说,听了再说,验证了再说,等事实清楚了再说。这个再说,虽然迟了一点,却不会犯盲目冒进的错误。如果悟空团结了沙僧,沙僧来一句,师兄虽然有错,我们看他以前的功劳,给他个将功折罪的机会,也许唐僧就会改变看法,考虑考虑。但此时沙僧连这句话也没有。

即使打杀了强盗,在未被驱逐之前,应该还有补救措施。但此时孙悟空完全未放在心上。书中"孙大圣有不睦之心,八戒、沙僧亦有嫉妒之意,师徒都面是背非",清楚地说明了当时的情况。

第三,屡教不改。前面打死了两个强盗,唐僧已经批评了他,但这时孙悟空仍然不吸取教训,一错再错,只好将他驱逐出取经团队。

但好在孙悟空学会了变通处理。这回再不能回花果山水帘洞当山大王了。得找人诉苦去,我这委屈比天还大,一门心思工作,只想将工作做好,现在出了错,成了罪人。还要受天大的处罚,要被驱逐出师门。这是何等的屈辱。不行,领导上面还有领导。我一般不越级找领导反映情况,可这次不行了,领导也太不讲情面了,我只有找更大的领导反映情况,才能给自己平反昭雪。

孙悟空这一行动为自己洗清冤情起到了重大作用,假孙悟空打唐僧的事,不需要孙悟空证明了,唐僧的领导观音菩萨直接证明了,说悟空就在他那里,怎么可能去打唐僧呢?

财务部门本身就是一个容易得罪人的部门,因为坚持原则,很可能不仅是外部的人不理解,就是本单位的人也不理解,以为就你牛,你是故意刁难,你不善变通,你不具备灵活性,你死板,你不通人情等。在这种情况下,财务人需要心平气和地与对方摆事实,讲道理,牛的不是我们财务人,而是财务制度与纪律,是法律、法规,法律面前人人平等。财务人只不过是制度与纪律的执行者,谁来执行都一样。意思很明显:孙悟空在这个位置上是坚持原则，打妖怪，换了八戒、沙僧到这个位置上，也是坚持原则，打妖怪，自然八戒、沙僧都能理解与支持了。而且如果业务部门有难处，不会处理，财务部门帮助想办法，予以解决，业务部门自然也能理解并支持财务。

财务人切莫恃才自傲，居功自傲。如孙悟空说："只怕无我，去不得西天。"没有孙悟空，有张悟空，赵悟空，铁打的营盘流水的兵。而且财务人员，功不能抵过。功便是功，过便是过。有过必改。往往财务人虽然没有原则性的错误，但因为坚持了原则，没有处理好关系，导致财务人员在单位是孤立的，那么财务的工作也不好开展。领导也会头疼不已，因为其他部门的员工一天到晚如猪八戒一样，在耳边聒躁，总有耳软的时候。这时候，财务人员便会受到莫名指责与批评。所以财务人员要虚怀若谷，听得进去批评与建议，不能像孙悟空一样，不听劝阻，执意而为。

十四、轮岗与基层锻炼

《西游记》一书中第二十八回"花果山群妖聚义,黑松林三藏逢魔"中,写道孙悟空被唐僧逐出取经团队之后,唐僧带着八戒、沙僧继续西行,以前唐僧饿了,都是孙悟空去化斋,现在孙悟空被唐僧赶走了,他不可能再去化斋来唐僧吃了,这时候必须再要有一个人去化斋。这时候,就涉及轮岗。八戒担当起了悟空以前的职责:化斋。

以前八戒对化斋从来不上心,也不管,只管肚子饿了就喊,要吃饭了,全不管斋是怎样化来的。在他看来,孙悟空化斋是轻而易举的事情。全然没有将化斋一事当回事。现在好了,他领了任务,化斋。书中这样写道:

你看他出了松林,往西行经十余里,更不曾撞着一个人家,真是有狼虎无人烟的去处。那呆子走得辛苦,心内沉吟道:"当年行者在日,老和尚要的就有;今日轮到我的身上,诚所谓'当家才知柴米价,养子方晓父母恩'。公道没去化处。"

这才是当家才知柴米贵。猪八戒这一轮岗,便轮出了体会。

第一,再不会小看化斋一事。八戒走得辛苦不说,还不曾撞着一个人家,都是有狼虎无人烟的去处,没有化到斋。

第二,从化斋岗位,看出工作能力之差距。原来看猴哥在日,老和尚要什么是什么,现在看来,猴哥是简单地办到了,可老猪就不能简单地办到,这就看出了差距,自己的能力与本领还是不能和猴哥相提并论,还差着一大截呢。

第三,亲身化斋,体会到了化斋的艰辛。八戒此时内心深处还有了深刻的省悟:"当家才知柴米价,养子方晓父母恩",如果千辛万苦化到了斋,便也有了化斋的经历与经验,以后再去化斋,也知道了应该怎样去化斋,这就多了一份历练。

第四,从化斋的结果,看出对待工作的态度。猪八戒没有化到斋,没有这份历练不说,还偷懒,躲在草丛中睡了起来。这和猴哥在此岗位的态度有如天壤之别。

我们再看沙僧的反应。却说唐僧在那林间,耳热眼跳,身心不安。急回叫沙僧道:"悟能去化斋,怎么这早晚还不回?"沙僧道:"师父,你还不晓得哩。他见这西方上人家斋僧的多,他肚子又大,他管你?只等他吃饱了才来哩。"

猴哥在日,化斋都是他的活,沙僧也未曾有过化斋的经历。从他和唐僧的对话中可以看出,沙僧也认为化斋是件轻松的事情,还猜测八戒肯定是吃饱了才会回来,而且唐僧对他的猜测竟然也认可了。可见他们两人也没有化斋的经历,也认为化斋是轻而易举之事。如果轮岗,轮到他们名下,让他们去化斋,他们又会是怎样的一番感受呢?

会计人员也一样,也要轮岗,特别是基础会计人员。有的以为出纳很简单,有的以为记账会计很简单,有的以为核算会计很简单。会计也有各种岗位,记账会计、预算会计、核算会计等。不亲历亲为,是不知道其中的艰辛的。会计人员的轮岗,有利于为企业培养知识全面系统、各项业务都熟悉的综合性会计人才;有利于会计人员之间相互学习、交流,同时提供一个公平竞争的平台;有利于提高会计人员综合财务知识与综合工作水平素质。像化斋这样重要的工作,这样能锻炼人的工作,也不应该只由猴哥一人担当,早一点轮岗,也许八戒、沙僧早被培训成化斋的高手了。

再说基层锻炼。第七十二回"盘丝洞七情迷本,濯垢泉八戒忘形"中,唐僧也想去化斋,他选取的晴明天气,而且人家逼近,他想下基层去体验一下下属员工的生活,同时也在心中思虑:"我若没本事化顿斋饭,也惹那徒弟笑我;敢道为师的化不出斋来,为徒的怎能去拜佛。"在唐僧心中,还是将化斋看作小事一桩,而且他下基层锻炼,选择的天气不是起风下雨的天气,路途也不远,既没有山路曲折,也没有险滩阻隔,按他自己推断,这绝对是小菜一碟,完全可以在徒弟们面前显摆显摆。

不想后来被盘丝洞中的妖怪捉住。徒弟们解救他后,请他上马道:"师父,下次化斋,还让我们去。"唐僧道:"徒弟啊,以后就是饿死,也再不自专了。"从这一句誓言来看,唐僧已经深刻地体会到了化斋一事的艰辛。如此简单的化斋,都遇到如此棘手的麻烦,可想而知,那艰难的化斋,麻烦与棘手就更不用说了。唐僧有了此次下基层的经历,也深深地体谅了徒弟们化斋的艰辛。

企业领导如果对企业员工的艰辛有了深刻的了解之后,才会体谅员工的难处。企业领导只有深入到企业一线,亲身实践,才会感同身受,其感受才深刻、才强烈,才不会对下属的工作作出主观的臆断,也才能体察民情与下属之疾苦,其所作出的决策也才能符合实际,接地气。这也正是领导干部为什么要有基层生活经历的原因之一。

十五、取经团队的选拔

如来佛祖要货卖他的三藏经书到东土大唐,但又不想轻易送与,要让东土大唐之人翻越千山万水,历经千辛万苦,经受万般磨难,方能到达西天,取回真经。这就需要有取经人。如何选拔取经团队,这个任务落到了观音菩萨身上。我们来看观音菩萨是如何选拔取经团队的,选拔后又实施了哪些监督管理措施。

(1) 为事谋人。观音菩萨选拔取经团队,很简单,不是想给谁封什么官就封什么官。选拔这些人来,目的就一个,上西天取经。所以取经团队的这个领导人,必须要有坚定的意志,要时时处处为取经大业着想,要有全局观念、宏观观念,一刻也不能松懈,一刻也不能退缩。唐僧虽然没有什么本领,怎么看都"嫩了点""欠火候""不成熟",但他将取经大业当作崇高信念一直坚持,当然最适合当取经团队的领导人了。

(2) 突出专业胜任能力,用其长处。我们知道,取经团队的每个人,缺点都有一大堆,都是犯过错误的。

先看孙悟空,他曾经是天字号的劳改犯,大闹天宫后,被压在五行山下五百年,怎么看都"易冲动""难管理";他好的是"出风头",讲的是"个人英雄主义"。

再看猪八戒,贪财贪色又贪吃,简直劣迹斑斑,调戏月中嫦娥在先,被贬下界后应该也是个服刑的重犯,服刑期间,竟然又横行高老庄,公然欺男霸女,如此种种,数不胜数。

沙和尚曾是卷帘大将,蟠桃会上打破了琉璃灯,白龙马是西海龙王之子,纵火烧了殿上明珠,被父王表奏天庭,告了忤逆。

很明显,他们都是犯过错误,有很多缺点的。但如果只看他们的错误,追究历史老账,这个取经团队就没有人能够胜任了,因为"金无赤足，人无完人"。观音菩萨选取了取经团队的领导人后，还要选拔团队的其他成员，她这个时候突出的原则便是专业胜任能力。例如孙悟空，虽然顽劣，但他本领高强，神通广大，具有火眼金睛，善能降妖伏魔，当然是最好的开路先锋了。

猪八戒也能入选，得益于他虽然蠢笨，但身大力不亏，有些笨事、累事，还是要他去做的。何况一路上多水路，他曾经是天上的天篷元帅，专管水府，也有很多的经验，这些经验在通天河就曾充分地运用。

沙和尚能够入选，主要得益于他在团队中是天字号的老好人，坚定地跟随领导人唐僧，一不如孙悟空调皮惹事，二不像猪八戒偷懒贪吃意志不坚定，最主要的是挑担牵马，任劳任怨。

白龙马能够入选，主要是西天取经，路途遥远，必须为唐僧当好坐骑，吃得苦中苦，方能人中龙。

所有这些，观音菩萨都是用他们的长处，突出他们的专业胜任能力。但是不是用了他们就完全放心了，撒手不管了呢，不是的，她还有后续的管理。

（3）纪律与制度的约束。先看对孙悟空的管束。因为孙悟空是整个取经团队中最难管的。必须先管住他。观音菩萨靠的是"紧箍咒"，这其实就是制度与纪律，让唐僧时时刻刻念叨着。孙悟空一不听管束，唐僧就近念叨起"紧箍咒"来，让他不得不服从管束。从此心猿归正，意马收缰。

再看对整个取经团队的约束。第二十三回"三藏不忘本，四圣试禅心"中，观音菩萨邀请了黎山老姆、普贤、文殊等一起下界，化装了一处庄园中一个寡妇和三个国色天香的女儿，来引诱唐僧师徒，看他们取经的意志坚不坚决，是否贪恋红尘中之财欲、爱欲。这是进行的明察暗访。将八戒绷在树上吊了一夜，还留下帖子进行告诫：圣僧有德还无俗，八戒无禅更有凡；从此静心须改过，若生怠慢路途难！这是过程之中的约束！

（4）解决困难。遇难帮助也是观音对取经团队选拔之后进行后续管理的一个方法。纵观整个取经过程，其实观音菩萨都是隐藏在取经团队身后的人，在暗中进行着监督与帮助。不管取经团队遇到了什么困难，她都会及时出现，帮助其解决困难，让他们坚定信心，继续前行。

十六、取经之宏观战略

宏观战略是企业长期生存与发展所作的未来一定时期内的方向性、整体性、全局性的定位，以及确定的发展目标和相应的实施方案。西天取经的宏观战略是如来佛祖确定的。他为什么要确定这一宏观战略呢？

（1）宏观战略的提出。确定宏观战略要在分析外部环境，并根据内部条件及变化趋势的基础上，进行规划。如来佛祖观察四大部洲，认为南赡部洲，贪淫乐祸，多杀多争，正所谓口舌凶场，是非恶海。他有三藏真经，可以劝人为善。其中《法》一藏，谈天；《论》一藏，说地；《经》一藏，度鬼。三藏共计三十五部，该一万五千一百四十四卷，乃是修真之经，正善之门。如来为了营销他的三藏真经，故意对手下的众菩萨说："我待要送上东土，叵耐那方众生愚蠢，毁谤真言，不识我法门之旨要，怠慢了瑜迦之正宗。怎么得一个有法力的，去东土寻一个善信，教他苦历千山，询经万水，到我处求取真经，永传东土，劝化众生，却乃是个山大的福缘，海深的善庆。"

（2）宏观战略的组织。为了达到这一方向性、整体性和全局性的战略目标，如来佛祖问手下众菩萨道："谁肯去走一遭来？"当有观音菩萨，行近莲台，礼佛三匝道："弟子不才，愿上东土寻一个取经人来也。"如来准允，于是观音菩萨便成了西天取经这一宏观战略具体实施的组织者。

为了实施这一宏观战略，观音菩萨一路寻访，预定下取经团队中的孙悟空、猪八戒、沙和尚、白龙马，以及他们这个团队的负责人唐僧。由唐僧和他所带领的取经团队具体负责这一宏观战略的实施。

如果将取经团队看做一个企业，那么唐僧便是这个企业的总经理，观音菩萨是企业的监事长,如来佛祖是企业的董事长。唐僧的弟子们便是这个企业的工作人员,具体的实施者:孙悟空可看作财务总监,八戒、沙僧与白龙马则是一般的财务人员。取经团队虽然只是取经宏观战略的实施者,而不是制定者,但他们从一开始加入团队便清楚明白地知道,他们的战略目标便是西天取经。

(3)宏观战略的监督与实施。

第一,全程监督。在唐僧收了孙悟空、猪八戒、沙和尚、白龙马,真正组建了取经团队后,观音菩萨对取经团队进行了一次全面的考察。第二十三回"三藏不忘本,四对试禅心"中,观音菩萨对唐僧等一行进行考察后,有一张简帖儿,上面有八句话:

"黎山老母不思凡,南海菩萨请下山。

普贤文殊皆是客,化成美女在林间。

圣僧有德还无俗,八戒无禅更有凡。

从此静心须改过,若生怠慢中途难!"

从上面的评语可以看出,这既是对取经团队的考察,也是对他们进行的警示。在宏观战略的实施过程之中,宏观决策者始终在进行跟踪管理,随时在进行激励与鞭策。西天取经,历经千难万险,但每次都能绝处逢生,原因就是有观音菩萨这个监事长的全程监督并随时提供帮助。

第二,宏观战略深入人心。虽然唐僧外表看来一无是处,但唐僧对实施这一宏观战略具有坚定的信心,可谓是取经团队的精神领袖。取经路上,受苦受难最多的是唐僧,遇到危险最多的也是唐僧,但他从来没有放弃过,正是因为唐僧不忘初心的坚定信念,取经团队才没有散伙,一路跌跌撞撞走到了西天。

取经团队中,虽然唐僧意志坚定,但也有过质疑,他就曾三番五次地询问悟空,什么时候才能走到西天?当然孙悟空与八戒、沙僧等也曾经对取经这一宏观战略发生过质疑,也曾经灰心丧气,遇到挫折,也曾气馁。但不管怎样,他们都知道西天取经这一宏观战略与他们息息相关,他们所有的努力就是为了这一宏观战略。也就是说,这一宏观战略已经深入取经团队的每个人心中。

　　财务的宏观战略与终极目标,都是企业价值最大化。具体一点,财务为了达到这一目标,要采取的措施与手段,只有两个方面:一是记录与反映,二是监督与管理。这就是财务人员的取经之路,注定了这个取经路上会有九九八十一难。

　　企业的宏观战略与发展目标,应该深入贯彻到企业的每一位员工之中,包括财务人员在内。企业的财务人员只有深入了解企业的宏观战略,才能坚定地贯彻执行企业的宏观战略,才能和企业的其他部门一道战胜各种各样的困难,最终取得真经,实现企业的宏观战略。

十七、集思广益谋发展

《西游记》中写了众多的妖怪,大多妖怪都是本领高强的,有后台有背景的,但也有草根妖怪,这些妖怪其实本领并不高强,手段并不高明,也没有相当于高科技的"特殊武器",但他们靠集思广益来谋发展,一样也抓到了唐僧。

第四十八回"魔弄寒风飘大雪,僧思拜佛履层冰"中,通天河的金鱼精因无计捉住唐僧正在苦恼之时,闪上一个斑衣鳜婆,对怪物跬跬拜拜,笑道:"大王,要捉唐僧,有何难处!但不知捉住他,可赏我些酒肉?"那怪道:"你若有谋,合同用力,捉了唐僧,与你拜为兄妹,共席享之。"鳜婆拜谢了道:"久闻大王有呼风唤雨之神通,搅海翻江之势力,不知可会降雪?"那怪道:"会降。"又道:"既会降雪,不知可会作冷结冰?"那怪道:"更会!"鳜婆鼓掌笑道:"如此,极易!极易!"那怪道:"你且将极易之功,讲来我听。"鳜婆道:"今夜有三更天气,大王不必迟疑,趁早作法,起一阵寒风,下一阵大雪,把通天河尽皆冻结。着我等善变化者,变作几个人形,在于路口,背包持伞,担担推车,不住的在冰上行走。那唐僧取经之心甚急,看见如此人行,断然踏冰而渡。大王稳坐河心,待他脚踪响处,迸裂寒冰,连他那徒弟们一齐坠落水中,一鼓可得也!"

鳜妹献计,说要下雪,冰冻通天河,金鱼精不仅听取了她的建议,而且将戏做足了,八戒的钉钯使劲钉下去,都只是几个白印,连底都锢住了。自然轻而易举地捉住了唐僧。

第八十五回"心猿妒木母,魔主计吞禅"中,唐僧师徒路过隐雾山折岳连环洞,大王想吃唐僧,又惧怕孙悟空厉害,正在无可奈何之时,一个小妖上前道:"大王莫恼,莫怕。常言道:'事从缓来。'若是要吃唐僧,等我定个计策拿他。"老妖道:"你有何计?"小妖道:"我有个'分瓣梅花计'。"老妖道:"怎么叫做'分瓣梅花计'?"小妖道:"如今把洞中大小群妖,点将起来,千中选百,百中选十,十中只选三个,须是能干,会变化的,都变做大王的模样,顶大王之盔,贯大王之甲,执大王之杵,三处埋伏。先着一个战猪八戒,再着一个战孙行者,再着一个战沙和尚:舍着三个小妖,调开他弟兄三个,大王却在半空伸下拿云手去捉这唐僧,就如'探囊取物',就如'鱼水盆里捻苍蝇',有何难哉!"

小妖献上分瓣梅花计,老妖言听计从,果然将孙悟空兄弟调开,捉住了唐僧。这个小妖被封做先锋后,又献假人头之计,竟然也哄骗了孙悟空兄弟。

俗话说:三个臭皮匠,胜过诸葛亮。讲的就是群策群力,广开言路,集思广益谋发展。前面的两个故事,都说明了这个道理。现实生活中,这样的例子比比皆是。在足球场上,我们经常可以看到球星的作用,但是不是只有球星就足够了呢? 不是的,这是一个团队的力量,只有球星远远不够,既要有前锋,又要有后卫,还要有守门员。只有一个团队很好的配合,才能最终取得一场比赛的胜利。企业也是一样。企业就是一个团队。企业也需要群策群力,广开言路,集思广益谋发展。

子曰:三人行,必有我师焉。择其善者而从之,其不善者而改之。这是很辩证的一段话。先说每个人有每个人的长处,在三个人中,必然有自己可以学习的地方。比如前面所说的通天河里鳜鱼精、隐雾山折岳连环洞的先锋官。但是,并不是盲目的学习,在广开言路的同时也要学会判断。只有择其善者去学习,其不善者还要改之。

企业鼓励员工为企业献计献策是企业人力资源管理的一个内容。有的企业甚至将其定为企业人才战略的内容之一,对企业有重大贡献的,还对其进行重大奖励。但企业领导在听取员工建议时,也要进行分析,取其精华,去其糟粕。《西游记》中就有一个反面的典型。如观音院僧为了达到永远占有唐僧袈裟的目的,在听取下属广谋、广智的建议时,他们一个建议杀人,一个建议放火。老院僧丝毫没有考虑,只要达到目的,不管其是否伤天害理,反而说前面的建议妙,后面的建议更是妙绝! 其实老院僧并未老糊涂,而是利令智昏,否则肯定不会做出如此伤天害理之事。

　　《三国演义》一书中，曹操也想群策群力击败东吴，结果蒋干盗书，并向曹操汇报了水师都督蔡瑁、张允意欲谋反之事。这是建议。曹操未加分析，未做调查，未深思熟虑，轻易相信了蒋干之言，结果自毁长城，杀掉了熟悉水军训练的两员大将，让自己的团队蒙受了重大损失。如果他是"择其善者而从之，其不善者而改之"。很有可能是另外一种结局。

十八、勇于担当应赞赏

《西游记》中唐僧师徒到了平顶山,被平顶山的两个妖怪捉住了,孙悟空也被压在了山下。然后二大王派了两个小妖,一个精细鬼,一个伶俐虫,拿了两个宝贝,要去捉拿孙悟空。这就引出了孙悟空用假宝贝装天,哄骗了两个小妖真宝贝的故事。我们不分析孙悟空哄骗小妖宝贝的过程,只分析小妖丢失了宝贝之后,他们的反映和行动。

二妖吓得呆呆挣挣道:"怎的好!怎的好!当时大王将宝贝付与我们,教拿孙行者;今行者不曾拿得,连宝贝都不见了。我们怎敢去回话?这一顿直直的打死了也!怎的好!怎的好!"从这一段话中,他们很清楚自己犯下的错误,以及可能要承担的后果:这一顿直直的打死了也!

他们采取的是什么措施呢?伶俐虫道:"我们走了罢。"首先想到了逃。精细鬼道:"往那里走么?"其次是想,逃,往哪里逃?伶俐虫道:"不管那里走罢。若回去说没宝贝,断然是送命了。"因为丢了宝贝,怕没了性命,才要逃。精细鬼道:"不要走,还回去。二大王平日看你甚好,我推一句儿在你身上。他若肯将就,留得性命;说不过,就打死,还在此间。莫弄得两头不着。去来!去来!"最后精细鬼一锤定音,不要走,回去如实交待,坦白从宽,或许留得性命,最不济,就打死!去来!去来!说这话的时候,虽有慷慨赴死的悲壮之情,但也表现出了他勇于担当的大无畏之情。

他们明知道丢了宝贝,犯下了天大的错误。但他们的出发点是怎样的呢?出发点是好的。同时,他们是否逃避他们的责任呢?没有,他们勇于认错,勇于担当责任。是自己的错误,就要勇于承认。相反,他们及时汇报与反馈,让平顶山的两个妖怪,及时做好了准备,想好了以后的应对措施与策略:虽然丢了两个宝贝,还有三个宝贝。吃一堑,长一智。这回他们换了执行人,不再让精细鬼和伶俐虫去执行任务了,换作巴山虎、蛟海龙。

我们来对比一下梁山好汉杨志。杨志的故事和精细鬼、伶俐虫的故事有得一比。杨志丢失了"两纲",一是丢失"花石纲",二是丢失"生辰纲"。杨志丢失"两纲"后的举措与精细鬼、伶俐虫的做法形成了天壤之别。

杨志运送的"花石纲",是国家物质或政府物质,遇到了不可抗力之风浪,导致了国家资产的损失。虽然他有责任,但也应该情有可原。可杨志逃避责任,并没有向上级如实汇报情况,也没有承担自己应该承担的责任,而是一走了之。

黄泥冈失劫"生辰纲"后,杨志还是逃避责任,再次亡命江湖。在杨志经营团队中行使监察责任的老虞候,和杨志一样,生辰纲失劫后,照样也面临着被处罚的命运,可他却没有逃避,而是勇敢地面对,对所有者梁中书的资产承担了他应尽的责任,与杨志的做法形成了鲜明的对比。

人无完人,金无足赤。人不可能不犯错,最主要的是承认错误、承担责任,并及时改正,避免带来更大的损失,或者以后再犯类似的错误。只有这样,人才可能在犯错、改错中,不断的成熟、成长。

财务人员也一样,不可能不犯错,但如果财务人员像杨志一样,犯错之后,逃避责任,一走了之,那将会给单位带来不可估量的损失。"百名红通人员"中,就有这样的人物,他们犯错之后,采取的措施跟杨志一样,以为逃到国外,就能躲避中国法律的制裁,结果大错特错,法网恢恢,疏而不漏。现在已有众多的"红通人员"落网,并被遣送回国。

相反,如果犯错之后,勇于担当,承认错误、承担责任,如精细鬼与伶俐虫一样,让领导或者决策者及时知道情况并做出反映,及时改正错误,修正策略,绝对会减少或减轻因为错误而带来的损失。正所谓亡羊补牢,未为晚矣!

当下，为了鼓励想干事、能干事的人大胆的干事，出台了容错纠错制度。这就为干事之后不是主观犯错的人提供了一个改正的机会，让他们去了精细鬼、伶俐虫怕犯错之后被打死的担忧，可以勇敢地面对错误，改正错误，甚至可以放开手脚的去干事，干成事！对勇于担当的人，我们应该给予他们点赞，让他们在干事的道路上不会瞻前顾后，而是大胆地往前走，勇往直前。

十九、容错机制的运用

李克强总理在 2017 年的政府工作报告中说到:"健全激励机制和容错纠错机制,给改革创新者撑腰鼓劲,让广大干部愿干事、敢干事、能干成事。"这里面就涉及容错纠错机制。《西游记》里面也有容错纠错机制,我们来一一分析。

第十四回"心猿归正,六贼无踪",观音对唐僧道:"我那里还有一篇咒儿,唤做'定心真言';又名'紧箍儿咒'。你可暗暗的念熟,牢记心头,再莫泄漏一人知道。我去赶上他,叫他还来跟你,你却将此衣帽与他穿戴。他若不服你使唤,你就默念此咒,他再不敢行凶,也再不敢去了。"这个"紧箍咒"有两重功用,一是处罚功用,二是容错纠错功用,并不是犯了错便一棒子打死,还有余地,教训教训后,让他改正错误。观音菩萨传给唐僧的这个"紧箍咒",就相当于传了他一个容错机制。

取经团队的领导人唐僧在刚开始的时候,对待错误,追究很严厉。例如刚开始时,对孙悟空的处罚,动不动就要念"紧箍咒",让孙悟空痛得死去活来。因为孙悟空本领大,自律性又差,如果不这样,唐僧很难管于他。

在对待猪八戒的问题上,唐僧的容错机制就用得有点过了,很宽大,基本上成了包庇纵容了。第二十三回"三藏不忘本,四圣试禅心"中,猪八戒贪恋财色,被四圣绑在树上吊了一夜,在林深处高声叫唤时,唐僧道:"那呆子虽是心性愚顽,却只是一味憨直,倒也有些膂力,挑得行李;还看当日菩萨之念,救他随我们去罢。料他以后再不敢了。"沙僧老大不忍,解了下来。呆子对他们只是磕头礼拜,其实羞耻难当道:"兄弟再莫题起。不当人子了!从今后,再也不敢妄为。——就是累折骨头,也只是摩肩压担,随师父西域去也。"三藏道:"既如此说才是。"显然，唐僧先在心里存了容他之念，然后又凭八戒几句誓言，就宽容了他，并未对其进行严厉的惩治。这与孙悟空犯错之后的处罚，形成了鲜明的对比。

什么是容错机制？简单地说就是宽容干部在工作中特别是改革创新中的失误和错误，符合正面清单的事项，按照相关程序启动容错程序，属于负面清单的事项，不予容错。通过规范容错程序，要大胆包容不违反重大原则的非故意性工作失误和错误。

比如，因为不可抗力导致的结果，《水浒》中，杨志失陷的花石纲，就是因为不可抗力导致的，因为花石纲用船运输，遇到了风浪，把船打翻了才失陷的，并不是他主观人为的，故意性导致的。所以像这样的情况应该原谅，属于容错机制范围之内。但出了这件事情之后，杨志并没有主动去向上级汇报，争取理解宽容，而是逃走在江湖上，一概不承担责任，没有履职尽责，这便不属于容错的范围了，相反属于应该严厉追究责任的情况。

所以我们不能滥用容错机制，而是要活用容错机制。犯了错，不能一棒子打死，要给予他改正的机会，要有容错纠错的机制。在实施容错的同时，还要坚决防止激励变纵容、保护变庇护等错误行为，推动干部履职尽责，改革创新、敢于担当。

当下，各地纷纷出台了容错纠错的实施办法，内容大同小异，基本包括：适用对象和实施原则、免予追责的条件、认定免予追责的程序、适用免予追责的范围、严明容错免责的纪律等，并一一付诸实施。

怎样避免工作人员心中存在"多干多错、少干少错、不干不错"的思想，杜绝各种"不作为，懒作为"现象，就要很好地运用容错纠错机制。比如说猪八戒，取经路上，他是能少一事，便少一事。贪吃贪睡少干活，遇到妖怪忙藏躲，就是典型的不作为、懒作为；而作为大师兄的孙悟空，就存在典型的"多干多错"的现象，比如三打白骨精一事，打了妖怪，不仅未被表彰，相反还受到了惩处，多次被念"紧箍咒"，相当于容错纠错了，但唐僧在这一节书中不是正确地运用容错纠错机制，而是反其道而行之，将本应给敢干事的、勇于干事的孙悟空给其激励，为其撑腰的，却相反给予了严厉的处罚,直到最后被赶出团队,这让干事的人多么寒心。

现在我们提倡"撸起袖子加油干",就是要让干部放下包袱、轻装上阵。不能被绑住了手脚。容错纠错机制,就是给干事的人松绑,让他们放开手脚办事。但并不是让他们心中没有了敬畏,相反要不断加强自我修养,要在内心深处时时处处进行自我约束。孙悟空最终成佛之后,他一摸,头上的"紧箍咒"没有了。这时,他想干事,完全可以放开手脚了。因为这时,他已经完全能够自律,不需要他律时刻约束于他了。其实这个时候,"紧箍咒"只是不在他的头上,而是到了他自己的心中。他已经在自己的内心深处时时刻刻进行着容错纠错,因为只有这样,他才能少犯错误或者不犯错误,真正成佛。

二十、通向西天的坦途

唐僧师徒西天取经，不知遇到了多少艰难险阻。其中有两次是山路难走，道路不通，由猪八戒开路，打通了走向西天的坦途的，我们来详加分析。

第六十四回"荆棘岭悟能努力，木仙庵三藏谈诗"中，唐僧师徒走到荆棘岭，当路有一通石碣中，上有三个大字，乃"荆棘岭"；下有两行十四个小字，乃"荆棘蓬攀八百里，古来有路少人行"。也就是说，以前这里应该是有路的，但因为荆棘纵横，蓬攀交错，让人难走，所以少人行。唐僧师徒被阻住了。

但这难不倒唐僧师徒，八戒笑道："等我老猪与他添上两句：'自今八戒能开破，直透西方路尽平！'"不怪八戒夸下海口，本来走到此处，就是他的功劳：原来那呆子，捻个诀，念个咒语，把腰躬一躬，叫声"长！"就长了有二十丈高下的身躯；把钉钯晃一晃，叫"变！"就变了有三十丈长短的钯柄；拽开步，双手使钯，将荆棘左右搂开。这一日未曾住手；行有百十里。这才来到石碣下，所以他敢夸此海口。

第六十七回"拯救驼罗禅性稳，脱离秽污道心清"中，唐僧师徒来到驼罗庄，庄人告诉他们，前面有一座山，名叫七绝山。"我这敝处地阔人稀，那深山亘古无人走到。每年家熟烂柿子落到路上，将一条夹石衕衕，尽皆填满；又被雨露雪霜，经霉过夏，作成一路污秽。这方人家，俗呼为稀屎衕。但刮西风，有一股秽气，就是淘东圊也不似这般恶臭"。虽然山上没有走到，但山下有一条道路，是一条夹石衕衕，却是柿子这样好的商品，运不出去，烂在了衕衕，成了一条稀屎衕。唐僧师徒怎么过？还是八戒努力，好呆子，捻着诀，摇身一变，果然变作一个大猪。"白蹄四只高千尺，剑鬣长身百丈饶"。得了驼罗庄人送来的饭食，八戒一路拱去，"千年稀柿今朝净，七绝衚衕此日开"。

自古以来，东西方商贸经济乃至人文、科学、文化、艺术等的沟通与交流，就因为道路的阻隔，让其变得相当艰难。是不是本来就没有路呢？不是的。荆棘岭上，"荆棘蓬攀八百里，古来有路少人行"。只是少人行而已，因为荆棘蓬攀，路不平；七绝山呢？山下却是有一条道路的，是一条夹石衚衕，只是柿子这样好的商品，运不出去，烂在了衚衕，成了一条稀屎衕。

要改变这种现状，就必须努力打通交通。只要有恒心，有毅力，有决心，就不怕荆棘岭上横生的各种各样的枝节，这些困难阻挠不了西进的道路，只要意志坚定，就可以"自今八戒能开破，直透西方路尽平！"这是说，心灵上不要被各种横生的枝节所缠绕。

当然也能够"千年稀柿今朝净，七绝衚衕此日开"。驼罗庄前七绝山的千年柿子，有七绝之称：①益寿。②多阴。③无鸟巢。④无虫。⑤霜叶可玩。⑥嘉实。⑦枝叶肥大。不可否认，确实是稀世之珍。可为什么以前本是开通的衚衕，被阻塞，形成了稀屎衕？这与当地人的闭关保守是分不开的，他们没有走出去，引进来的观念和作为，当然地上本来有路，但长期没有人走，便也荒芜了，阻塞了，成了稀屎衕了。这是说，心灵上不要被各种污秽所玷污，不要被各种自以为是的闭关保守所占据，只要打开它，夹石衚衕也可以成为通天的坦途。

这让我想到了我们国家目前实施的"一带一路"政策，以及与此相关联的亚投行、沿线各国的高铁建设，以及"空中丝绸之路"等，为沿线各国的互联互通劈开了荆棘岭，开通了稀屎衕，加速了沿线各国的经贸乃至人文、科学、文化、艺术等的交流与合作，让合作共赢成为了主题。

当然也让我想到了全球化大趋势下某些国家正在推行的贸易保护主义以及所设置的种种壁垒，退出气候保护的《巴黎协定》等。应该说，荆棘岭上横生的枝节、蓬攀，七绝山中的污秽，正在占据与玷污他们的心灵，而他们竟然不为所动。这种结局是显而易见的。

对唐僧师徒来说，他们开通了一条通向西天的坦途。对"一带一路"沿线的国家来说，这就是一条通向发展的坦途、合作共赢的坦途。

打通这条坦途,肯定会有这样或者那样的困难,比如荆棘岭上横生的枝节,八百里的蓬攀;再如七绝山污秽的稀屎衕,熏天的臭气,等等,这需要众人共同的努力,要有胸怀,要有担当,要有勇气,要能披荆斩棘,脱离秽污道心清,七绝才能成为真正的举世公认的七绝,这样它才有价值,自然便能开启合作与共赢。

二十一、意马收缰终成龙

唐僧师徒西天取经,其团队中有一个人物经常被忽视,他便是化身为马的小白龙。

在取经团队中,最不好定性的就是白龙马的身份。他到底是股东还是职员?还是资产或者工具?如果是股东,是团队成员,就应该参与决议或决策,参与收益;如果是职员,那就和六丁六甲之流一般,只领取本分俸禄,不参与功果收益;如果是工具,那就属于另类资产。

从小说中看,白龙马从不参与讨论和决议,也不履行护卫职责(唯一一次出手算作不得已为之),基本属于工具(也就是菩萨所说"脚力")范畴。就算是功果,给白龙马恢复玉龙身份就是了,而取经结束时,竟然也封了政治待遇,从杀头之罪到修成菩萨,很有些"其罪也过分,其赏也重分"意味。

当然,白龙马喊八戒他们为师兄、喊唐僧为师父,自认的,也是团队成员,是股东,是徒弟。但是,他又一直将自己认作工具或脚力。

小白龙原是西海龙王敖闰之子,也就是现在所说的官二代,因纵火烧了殿上明珠,被父王表奏天庭,告了忤逆,要受刑遭诛。幸得观音菩萨搭救,要他保唐僧西天取经。显然这是给了小白龙一个重新做人的机会,意马收缰,让他浪子回头,改邪归正。结果他千不该万不该,不该吃了唐僧的脚力,最后被菩萨惩罚,自己变成了唐僧的脚力,所以他就不能像大师兄、二师兄,还有沙僧那样堂堂正正地做人,一路陪伴唐僧取经了,他的角色,就是一匹马。

如此看来,小白龙变成马,怨不得别人,也是他咎由自取。好在白龙马在整个取经过程中,一直任劳任怨,如来佛祖最后给他的评语是:每日家亏你驮负圣僧来西,又亏你驮负圣经去东,亦有功者。修成正果后，被加升为八部天龙马。

取经过程中，描写白龙马中最经典的回合是第三十回"邪魔侵正法，意马忆心猿"。当时孙悟空已被唐僧驱逐回了花果山，猪八戒好大喜功，在碗子山波月洞打不过妖怪，自己丢下沙僧跑了，累得沙僧被妖怪抓住，妖怪进城后，又迷惑了国王，将唐僧变成了一只斑斓猛虎。这些消息乱传乱嚷，让在槽上吃草吃料的白马听到了，心中好不焦急："我师父分明是个好人，必然被怪把他变做虎精，害了师父。怎的好！怎的好！大师兄去得久了；八戒、沙僧又无音信！"此时此刻，白龙马心里清楚，只有他能救唐僧了。所以捱到二更时分，万籁无声，却才跳将起来道：危难时刻，该出手时就出手，白龙马没有丝毫的犹豫。

只可惜小白龙本领没有妖怪高，反被妖怪打伤，依旧变做马匹，伏于槽下。可怜浑身是水，腿有伤痕。白龙马为什么要出手？这一回书中，心急救主的白龙马是最高光时刻，他面临的是唐僧被害幻化为虎，大师兄去得久了；八戒、沙僧又无音信的极端严峻局面。

在出手斗妖失败后，又极力劝说八戒请回孙悟空。这一回中，白龙马扮演了拯救取经存亡时候的英雄和决定手。其实，唐僧的保镖团队还有六丁六甲等隐性战队，白龙马不出手，应该也有替代或备选方案。

可他为什么要极力拯救取经团队呢？他到底能不能和八戒说的"你挣得动，便挣下海去罢"呢？还是和他自己紧张的"功果休也、休也"呢？

其一，从取经团队的退路看，唐僧退回去不过做个和尚，孙悟空退回去到花果山当猴王，八戒退回去高老庄当女婿，唯有沙僧和白龙马的退路最差，一个回流沙河接收定期肉刑，一个回去要接收死刑（也即"功果休也"的意思）。八戒忽悠白龙马"挣下海去"不过是一种奢望。所以，白龙马和沙僧应该是最紧张这个团队散伙的成员。

其二，从救赎的效益看，白龙马被菩萨从死刑中"刀下留人"搭救出来，其感恩和尽心程度，与八戒不可同日而语，所以连八戒都惭愧地说"也罢，也罢。你倒这等尽心，我若不去，显得我不尽心了。"有此主观和客观两大因素，白龙马在取经团队到了最危险的时候，被迫着作出了最坚决和最智慧的抉择。

这一章节中，可以看出小白龙的成熟与成长，他不再是官二代，只考虑自己的感受，这个连自己的父亲都敢忤逆的浪荡子，现在考虑的全部是团队的取经大事。应该说，意马在收缰之时，心里肯定有过很多激烈的思想斗争。

从知道唐僧有难之后，"心中好不焦急"，可以看出前后之对比；面对困难，勇于献身，危难时分，该出手时就出手；即使身负重伤，仍然继续努力，不言放弃；在自身能力不足的情况下，还团结团队的同事，大家一起努力，特别是劝说猪八戒，放弃前嫌，前往花果山去请孙悟空一节，苦口婆心，最终精诚所至，八戒也被其精神所感动。

小白龙自从意马收缰后，他就没有说话，因为他要保持一匹马的本分，尽马的本职，安分守纪，守住作为一匹马的身份，而再也不能潇洒地做那条潜渊飞天的白龙。现在是到了危难时分，万不得已的时刻，他才开口说话。

猪八戒此去，一是要放下了他的虚面子，勇于面对他以前犯下的错误，承认错误，去向孙悟空赔罪；二有可能还要面对孙悟空的责罚，害怕孙悟空报复他，也许这一报复，他的命就没了。但在小白龙的劝说下，还是毅然前往。唐僧这一难得脱，小白龙功不可没。

除了这一节外，其他章节对小白龙再没有更多的着墨之处。但从小白龙最初受罚来看，也许他就有冤情。

白龙马是否罚当其罪？从取经队伍成分看，基本属于对一群罪人的救赎。但对取经成员的罪过及惩罚，存在许多蹊跷之处。

其一，孙悟空属于扰乱社会秩序、图谋不轨之类的犯罪，被判决长期监禁。

其二，猪八戒属于猥亵罪，被判决执行流放。

其三，沙僧属于过失损坏公物罪，被判决执行肉刑。

其四，白龙马和沙僧一样，也属于过失损坏公物罪，被判决执行死刑。

而白龙马的犯罪过程更为曲折，他是发现自己即将成亲的妻子与九头虫幽会，为了发泄愤怒，在屋子里乱砍，将屋子弄得翻天覆地，一不小心打翻了玉帝赐的明珠和蜡烛后烧毁明珠所致。按说这是过失犯罪，罪名也应是损坏明珠罪。而在定罪中却被定为忤逆罪，执行的竟然是死刑。

从沙僧和白龙马的主观恶性和刑罚结果看，显然判决过重。从这点看，"天条"的"罪罚相当"原则实在值得打上一个大大的问号，天宫中"法治"成分也很淡，多半也属于"人治"。

我们设想，官二代的小白龙，难道就没有申冤的地方吗？难道就不能请父亲代为申冤吗？为什么又会成为忤逆之罪呢？小白龙心中甘心吗？这有众多的疑问。也许小白龙忍辱负重，历经十万八千里路，十四载寒暑，抛弃自己熟悉和擅长的腾云驾雾，甚至不开口说话，埋头苦干，一步一个脚印，脚踏实地，任劳任怨，驮着唐僧，陪伴着师兄弟，餐风露宿，一起历经九九八十一难，最终功德圆满，到达西天，取得真经，返回东土。这一切都是为了证明自己，本性并不是最初定罪的那样。

所以最后小白龙被如来佛祖封为八部天龙马，完全是他应该得到的奖赏——他克服了多少常人难以想像的困难，忍受了多少常人难以忍受的委屈，遭受了多少常人难以承受的磨难，才最终成功！

意马收缰终成龙。

二十二、车迟草仙的悲哀

车迟国的虎力大仙、鹿力大仙、羊力大仙，在唐僧师徒未到车迟国前，是通过海选上来的官员，有一个公开选拔的过程，其过程公开、公平、公正，经受了车迟国所有君臣及百姓的检验。

那是一个什么过程呢？"二十年前，民遭亢旱，天无点雨，地绝谷苗，不论君臣黎庶，大小人家，家家沐浴焚香，户户拜天求雨。正都在倒悬捱命之处，忽然天降下三个仙长来，俯救生灵。"这是孙悟空到车迟国时，那小道士告诉他的。

"你不知道。因当年求雨之时，僧人在一边拜佛，道士在一边告斗，都请朝廷的粮饷；谁知那和尚不中用，空念空经，不能济事。后来我师父一到，唤雨呼风，拔济了万民涂炭。"

正是有了这样的功劳，三个仙长才在车迟国立下足来。当时可以说，谁要有本事，能够求下雨来，就是救了车迟国一国人的性命。有这种本事的人，当然应该给予一定的官职。所以说国王封三个仙长为国师，是论功行赏，完全符合公开选拔和绩效考核的要求：三个仙长凭的是硬本事，真功夫，通过公开面试而比试出来的，没有半点虚假的成分。

再看三个仙长到车迟国后，这20多年来，车迟国风调雨顺，国泰民安。对车迟国的君臣与黎民来说，他们过了20多年的好日子。即使天旱也不要紧，国内有三个有本事的仙长，可以随时求雨。

三个仙长到车迟国后害人了吗？从小说中没有看出来，无非是为了弘扬道法，修建了道场，宣传了他们三个草根是怎样通过努力修炼成仙的，然后收了一些徒子徒孙，传艺给他们。

如果说有危害的，那便是对和尚的处罚了。和尚们求不来雨，是无作为的表现，他们这一群体做的是无用功，是只吃粮不打仗或打仗打不赢的队伍,那还养着他们这帮闲人干什么?让他们去做些苦力,倒是他们力所能及的事情,发挥出了他们应有的作用。

如果没有唐僧师徒的到来,也许车迟国的君臣百姓会继续过他们的安生日子。可是唐僧师徒来了,这一来,从此彻底改变了车迟国的社会环境和生态环境。

先看社会环境。三个仙长与悟空斗法求雨,虎力大仙走的是正规路线,按规定的程序,先报上界批准,然后由上界指派干部办理;而悟空却是横插一杠子,硬生生改了天条,拉拢上界干部,伙同他们一起违规违纪,肆意妄为。书中没有写求雨过后,这些神仙回到天庭如何向玉帝禀告。但我们可以从泾河龙王降雨一节,看到天条的威严。

泾河龙王因误听鲥军师之言,在降雨时,改了时辰,克了点数,犯了天条,在那"剐龙台"上,难免一刀。后来得知是要在人曹官魏征处听斩时,还求到了唐太宗处。唐太宗将魏征召来下棋,却不想魏征梦中斩了泾河龙王。也就是说,天庭是有法的,而且法律严肃,不容亵渎。但天庭对孙悟空伙同的风云雷电及龙王进行了处罚吗?书中没有交待,也许他们真的伙同起来,一手遮天了。

对比泾河龙王这一节,虎力大仙完全是按法律办事的,遵章守纪,没有半点逾越规矩。而孙悟空及上界风云雷电及龙王,全部是在违背法律法规做事,这是严重破坏上界的社会法律秩序。有此先例,假若虎力大仙之后,若干年后,又有草根通过修行得道,来按规矩求雨时,这一班人想起以前跟孙悟空干过的事情,照此办理,那还得了,车迟国还要不要下雨了?

三个仙长被悟空灭了之后,和尚们全部回到了京城,和以前一样享受优厚待遇,孙悟空跟国王吩咐,国王只得依言。从此以后,车迟国再也搞不好绩效考核、论功行赏了,这些做无用功的和尚们也可以无功而受禄了。如果说孙悟空走时,在这些和尚中,传授一些技艺,让他们也能求雨,倒是可以接受这个方案。可孙悟空走时,完全没有考虑这些。

也就是说,三个仙长被当成妖邪被孙悟空灭了之后,车迟国如果又遇到天旱,风不调雨不顺,怎么办呢?这将会导致怎样的后果?车迟国的生态环境也将面临严峻的考验。

　　三个仙长完全没有想到，他们会是这样的结局。对于草根来说，没有将权力关进笼子，没有对纪律与制度的敬畏，没有按规矩办事，没有遵章守纪的良好环境与氛围，他们的千年修行也是枉然。这就是他们的悲哀。

二十三、最难战胜是自我

《西游记》一书中第三十回"邪魔侵正法，意马忆心猿"中，八戒因在宝象国皇帝面前弄了本事，思量拿倒妖魔，请功求赏。不想妖魔本领大，八戒败阵而走，连累沙僧被捉，师父唐僧也被妖怪变成了一个斑斓猛虎，白龙马去救唐僧，也被妖怪打伤。八戒嚷着要散火时，白龙马让他去请孙悟空来救师父，有一段对话。

小龙沉吟半晌，又滴泪道："师兄啊，莫说散火的话。若要救得师父，你只去请个人来。"八戒道："教我请谁?"小龙道："你趁早儿驾云回上花果山，请大师兄孙行者来。他还有降妖的大法力，管寻救了师父，也与你我报得这败阵之仇。"八戒道："兄弟，另请一个儿便罢了。那猴子与我有些不睦。前者在白虎岭上，打杀了那白骨夫人，他怪我撺掇师父念《紧箍儿咒》。我也只当耍子，不想那老和尚当真的念起来，就把他逐回去。他不知怎么样的恼我。他也决不肯来。倘或言语上，略不相对，他那哭丧棒又重，假若不知高低，捞上几下，我怎的活得成么?"小龙道："他决不打你。他是个有仁有义的猴王。你见了他，且莫说师父有难，只说：'师父想你哩。'把他哄将来，到此处，见这个情节，他必然不忿，断乎要与那妖精比并，管情拿得那妖精，救得我师父。"八戒道："也罢，也罢。你倒这等尽心，我若不去，显得我不尽心了。我这一去，果然行者肯来，我就与他一路来了；他若不来，你却也不要望我，我也不来了。"

从这一段话中可以看出许多内容。首先，八戒不去请孙悟空，是有原因的，他犯错在先。白虎岭上，打杀白骨夫人，孙悟空原是有功的，但八戒却撺掇师父，念《紧箍儿咒》，还当耍子，不想更严重的后果是师父竟然将孙悟空驱赶而去。八戒知道自己有愧于心，怕面对孙悟空。因为面对孙悟空，就是要面对自己的错误。

在这个关键时候，是顾及自己的颜面还是救师父的问题上，八戒很是纠结，但这个时候要有勇气，面对自己错误的勇气，改正错误的勇气。

我们知道猪八戒劣迹太多，数不胜数。他被贬下界就是因为他在天庭调戏了月中嫦娥仙子，后来在凡间又横行高老庄，欺男霸女，及至被唐僧收为徒弟后，取经路上自己经常贪吃贪睡不干活，爱财贪色，自己分不清妖怪真假，反而还经常撺掇师父，说孙孙悟空的坏话，真可谓成事不足，败事有余。

但现在没办法了，师父被妖怪变成了老虎，沙僧被妖怪捉去了，白龙马也受了伤，受了伤的白龙马还在肯请他去请大师兄来降妖。此时的八戒只有豁出去了。"也罢，也罢。你倒这等尽心，我若不去，显得我不尽心了。"就是这句话，说明他心中经过了怎样复杂的斗争，拿出了多大的勇气。最终因他战胜了自我，请来了孙悟空，救出了唐僧。猪八戒的自我斗争，是表象的，而孙悟空的自我斗争，则是内在的。

孙悟空战胜自我的故事更经典，这是真假孙悟空的故事。假的是六耳猕猴，与孙悟空形体一致，容貌相同，本领相当，连菩萨和如来都分不清楚，其实六耳猕猴是孙悟空的另一个自我，另一个隐藏于内心深处的自我。

孙悟空与六耳猕猴的战斗，其实就是一个人内在的冲突，是自我的斗争，六耳猕猴所代表的是以自我为中心的小我，是自私的，狭隘的，个人英雄主义的人格；而孙悟空所代表的则是以取经团队为中心的团队精神，是一种超越了个人主义的具有包容的大我精神。这两种人格在孙悟空的心中进行着翻天覆地的斗争，闹得你死我活，最终大我战胜了小我。

其实每个人在成长的道路上都会有类似的经历与冲突，我们财务人尤其如此。行走在职业道路之上，从不成熟走向成熟，从道路两旁不断冲出的诱惑，一笔大过一笔的金钱，我们都必须去面对自己内心中的那个六耳猕猴，也许我们心中掀起过惊涛骇浪，也许内心经过翻来覆去的斗争，也许内心经历过百般痛苦的煎熬。

战胜别人容易,战胜自我艰难。在成长的道路之上,我们发现,其实内心当中的那个自我,才是自己最大的敌人,战胜了他,我们便成熟了,可以自我完善,修成正果了。

　　雄关漫道真如铁,而今迈步从头越。战胜了自我之后的猪八戒,真心诚意请来了孙悟空,救出了师父;战胜了自我之后的孙悟空,杀死了心中的小我——六耳猕猴,从此成就了大我,团结着取经团队,最终取得真经,修成了正果。我们财务会计人,时刻面临着各种各样的诱惑,心中也有无数的小我,如何战胜心中的小我,成就大我,是我们成长道路之上的必修课,这也是我们取经路上必须经受的考验。

二十四、千经万典只修心

　　唐僧师徒取经的过程,就是一个修行与修心的过程。
　　书中第十六回"观音院僧谋宝贝,黑风山怪窃袈裟"中,孙悟空到南天门给广目天王送避火罩,交与广目天王道:"谢借!谢借!"天王收了道:"大圣至诚了。我正愁你不还我的宝贝,无处寻讨,且喜就送来也。"行者道:"老孙可是那当面骗物之人?这叫做'好借好还,再借不难'。"天王道:"许久不面,请到宫少坐一时,何如?"行者道:"老孙比在前不同,'烂板凳,高谈阔论'了;如今保唐僧,不得身闲。容叙!容叙!"急辞别坠云,又见那太阳星上。
　　孙悟空未当唐僧徒弟以前,是一番怎样的做派,大家都清楚。例如,书中第二十五回"镇元仙赶捉取经僧,孙行者大闹五庄观"写道,孙悟空一行,为了逃离五庄观,想了一个计策,让五庄观里的两个童子睡上1个月。里面有一段原文如下:"他腰里有带的瞌睡虫儿,原来在东天门与增长天王猜枚耍子赢的。他摸出两个来,瞒窗眼儿弹将进去,径奔到那童子脸上,鼾鼾沉睡,再莫想得醒。"从这可以看出,他以前闲常时节干的都是些什么事,无非是东游西逛,猜枚行令,赌赛输赢,抑或是"烂板凳,高谈阔论"。
　　但从当唐僧徒弟后,他开始了艰苦的修行。单从借还避火罩这一事上,就可以看出其前后的区别,也可以看出几层意思。一是孙悟空借了宝贝,好借好还,再借不难,跟广目天王还了回去时,天王还在担忧,怕悟空不讲诚信,不归还自己的宝贝,自己无处寻讨。这说明当时一是有老赖的情况存在,不然天王不会担忧。二是可能悟空以前就有过这样的老赖行径,不然天王也不会担忧。但现在好了,孙悟空进步了,他变得讲诚信了。不是以前的孙悟空了,他正在改变自己在天兵天将心中的印象,至少他的这一行动,让广目天王对他的印象发生了改变。同时,孙悟空还捎带做了一下自我宣传:以前自己是不做实事的,是"烂板凳,高谈阔论",现在进步了,改变了,你们不要以老眼光看我老孙了,"如今保唐僧,不得身闲。容叙!容叙!"这是要去干实事了!从动作上也可以看出,急辞别!

第二十六回"孙悟空三岛求方,观世音甘泉活树"中,孙悟空到瀛洲见了九老,想求仙方,来活人生树。九老告诉他无方时,行者见无方,立即就要告辞。九老这时留他饮琼浆,食碧藕。行者定不肯坐,止立饮了他一杯浆,吃了一块藕,急急离了瀛洲,径转东洋大海。从他定不肯坐,怕误了时间,到饮琼浆也是站着喝了一杯,吃了一块藕,然后是"急急"离了瀛洲,接首"径转"东洋大海。可以看出,他完全没有喘一口气。

这些和他以前的做法有了巨大的改变。说明孙悟空已经彻底收了顽劣之心,在开始认真做事,将取经当做了他的人生目标,去努力修行。而且在实现取经这一目标的过程之中,他逐步成长成熟,最终悟道成佛,达到了修心的标准,而且他悟道成佛(修心)还在他的师父唐僧之前。

书中第八十五回"心猿妒木母,魔主计吞禅"中,行者笑道:"你把乌巢禅师的《多心经》早已忘了。"三藏道:"我记得。"行者道:"你虽记得,还有四句颂子,你却忘了哩。"三藏道:"那四句?"行者道:"佛在灵山莫远求,灵山只在汝心头。人人有个灵山塔,好向灵山塔下修。"三藏道:"徒弟,我岂不知?若依此四句,千经万典,也只是修心。"行者道:"不消说了,心净孤明独照,心存万境皆清。差错些儿成惰懈,千年万载不成功。但要一片志诚,雷音只在眼下。似你这般恐惧惊惶,神思不安,大道远矣,雷音亦远矣。且莫胡疑,随我去。"那长老闻言,心神顿爽,万虑皆休。

从这段话中可以看出,孙悟空已经在不断的修行中,通过量变形成了质变,悟道已超过了师父,完成了修心的过程,还能为师父指点迷津,去坚定师父的信念。

越到后面,唐僧越不念紧箍咒,这也越可以看出,孙悟空修行与修心的成功。形成鲜明对比的是，对于以前一直迁就的猪八戒，唐僧倒是加以呵斥，不仅未对他护短，还让他听孙悟空的。以前八戒在唐僧面前说孙悟空的坏话，一撺掇就灵。现在情况发生了逆转，因为唐僧已经清楚地看到了孙悟空的成熟与成长，这种进步让他们少走了许多弯路，少受了许多磨难，同时，也让唐僧达到了修心之境界。

当然，孙悟空的修行与进步，也不仅仅是他一个人的进步，更是取经团队的进步。以前孙悟空老是戏弄八戒，越到后来，他替八戒考虑得越多，不是嫌他，而是团结他，帮助他。整个取经团队都进步了，成熟了，当然离灵山就不远了，其实取不取经已经无所谓了，因为在取经的过程之中，他们已经将真经取到了心中！

财务人员和财务团队也一样，有一个逐步成熟成长的过程，修行与修心的过程。面对滚滚红尘、金钱的诱惑、职业道路的艰难与险阻，我们要想取到真经，也要经历唐僧师徒一样的九九八十一难，才能像孙悟空一样逐步成熟成长，经过量变修行的过程，最后达到质变，悟通会计，融会贯通，成功修心。

二十五、规律之灵活运用

书中有许多对自然规律的运用，比如动物的相生相克。我们来看两个例子。

书中第五十五回"色邪淫戏唐三藏，性正修持不坏身"，唐僧被一个女妖怪掳了去，悟空、八戒皆不能降伏她，反倒被她所伤。正在为难之时，观音菩萨现身。菩萨道："这妖精十分利害。他那三股叉是生成的两只钳脚，扎人痛者，是尾上一个钩子，唤做'倒马毒'。本身是个蝎子精。"行者再拜道："望菩萨指示指示，别告那位去好，弟子即去请他去。"菩萨道："你去东天门里光明宫告求昴日星官，方能降伏。"

再看降妖的过程。那怪赶过石屏之后，行者叫声"昴宿何在？"只见那星官立于山坡上，现出本相，原来是一只双冠子大公鸡，昂起头来，约有六七尺高，对着妖精叫一声，那怪即时就现了本像，是个琵琶大小的蝎子精。星官再叫一声，那怪浑身酥软，死在坡前。

第七十三回"情因旧恨生灾毒，心主遭魔幸破光"中，唐僧师徒来到黄花观，被黄花观主下毒，孙悟空又斗不过那黄花观主，正在伤心之时，得黎山老姆指点，到紫云山千花洞，去请毗蓝婆来破那黄花观主。毗蓝婆与悟空同行时，悟空好奇地问菩萨道："我忒无知，擅自催促，但不知曾带甚么兵器。"菩萨道："我有个绣花针儿，能破那厮。"行者忍不住道："老姆误了我，早知是绣花针，不须劳你，就问老孙要一担也是有的。"毗蓝道："你那绣花针，无非是钢铁金针，用不得。我这宝贝，非钢、非铁、非金，乃我小儿日眼里炼成的。"行者道："令郎是谁？"毗蓝道："小儿乃昴日星官。"行者惊骇不已。

降妖过程很简单。果然毗蓝婆于衣领里取出一个绣花针，似眉毛粗细，有五六分长短，拈在手，望空抛去。少时间，响一声，破了金光。

等救了唐僧师徒一行后，八戒要打杀那黄花观主，孙悟空要教他现出原形，毗蓝婆用手一指，那道士扑的倒在尘埃，现了原身，乃是一条七尺长短的大蜈蚣精。毗蓝使小指头挑起，驾祥云，径转千花洞去。八戒打仰道："这妈妈儿却也利害，怎么就降这般恶物？"行者笑道："我问他有甚兵器破他金光，他道有个绣花针儿，是他儿子在日眼里炼的。及问他令郎是谁，他道是昴日星官。我想昴日星官是只公鸡，这老妈妈子必定是个母鸡。鸡最能降蜈蚣，所以能收伏也。"

这两回书，讲的都是鸡对蝎子、蜈蚣的相克之规律，正是运用这样的规律，才破了妖怪的法术。财务会计也要学会运用各种各样的自然规律。

例如，企业从成立到发展壮大直到破产死亡的过程，和人的生老病死一样，也有其必然的规律，财务会计人员对其的记录也要遵循其规律，这种规律是对经验的总结与推广。

大数据、信息化、资金池、财务共享中心等，这些新生事物、新的手段方法也会很快形成一种规律，这也是财务会计人员需要尽快熟悉和掌握的，不然就会落伍，就会被蝎子、蜈蚣所伤，只有练就了雄鸡的本领，掌握了规律并熟练运用，我们才能立于不败之地。

人类社会进步的历史，就是社会分工的历史；社会分工越细，社会进步越快；社会分工越细，对自然规律和科学规律的运用便越多。所以经济越发展，会计越重要。为什么？因为会计也要与时俱进，才能适应社会分工的发展，才能适应经济社会的发展。

为什么现在普通会计、普通财务越来越难以生存，甚至取消了会计从业资格证，正是遵循自然规律之适者生存、优胜劣汰的结果。会计从业资格证的起点低，根本达不到门坎的作用，普通会计与普通财务，没有特点，大家都能做，千人一面，千篇一律，类似于流水线上的作业产品，相当于复制、粘贴或者剪切而来，类似于孙悟空所说的普通绣花针，要一千担都有，自然竞争激烈，而将信息化与管理会计融合的新型复合型会计与管理人才，已经成为了香饽饽，因为有其特殊的功能，就如昴日星官一样，有其独特性，是从其眼中修炼出来的，所以能克蜈蚣、蝎子，所以这样的绣花针，便成了适者生存的针、特殊的针。

  2016年实行的全面"营改增"政策，就是财务会计人需要迅速适应的一种普遍规律，因为这种普遍规律已经取代了以前的老规律，再看营业税的老皇历，便只有死路一条了。我们财务会计人要适应的规律也是在不停地变化的，并不是一成不变的。财务会计人要适应的规律很多，我们如唐僧师徒一样，永远在取经的路上。

二十六、菩提传艺未传道

《西游记》一书中，第一回和第二回主要是讲孙悟空的出生来历与学习成长的过程。从他的学习成长经历之中，我们财会人也可以从中领悟出一些道理。

孙悟空天资聪颖，出生之时，便知道拜四方，眼运金光，射冲斗府。后能第一个进入水帘洞中，靠自己的勇气当上了猴王。如此三五百年过去，却也有远虑，想学一个不老长生之法。于是他想到做到，立马开始了行动，独自撑个竹筏，径向大海波中，趁着风，来渡南赡部洲。这相当于我们今天所说的出国求学。

初始登岸，他剥了人的衣裳，也学人穿在身上，摇摇摆摆，穿州过府，在市廛中，学人礼，学人话。朝餐夜宿，一心里访问佛仙神圣之道，觅个长生不老之方。见世人都是为名为利之徒，更无一个为身命者。这份求学之艰辛并没有让他就此罢休，虽然历经八九年时间。后来他又飘过西海，来到西牛贺洲地界。终于在此找到了灵台方寸山斜月三星洞中的菩提祖师，拜师学艺，有了姓名，取名"孙悟空"。

孙悟空在菩提祖师处学习，勤奋如下："与众师兄学言语礼貌，讲经论道，习字焚香，每日如此。闲时即扫地锄园，养花修树，寻柴燃火，挑水运浆。"认真如下：孙悟空在旁听讲，喜得他抓耳挠腮，眉花眼笑，忍不住手之舞之，足之蹈之。祖师问他为何如此，他说诚心听讲，听到妙音外，喜不自胜，不觉作踊跃之状。

正是孙悟空的勤奋与认真，引起了菩提祖师的注意。菩提祖师问他到洞中多少时了，孙悟空只记得灶下无火，常去后山打柴，见一树好桃，在那里吃了七次饱桃。祖师知他已来七年，便问他想学什么道。这时菩提祖师已有明确的意向，想向悟空传道了。

孙悟空不知有什么道，祖师一一向他介绍了"术、流、静、动"等道术，听闻不能长生不老，都是"壁里安柱""窑头土坯""水中捞月"时，他均表示不学，要学就学真本事，不慕虚名。学习目标明确：长生之法。

　　虽然悟空当场受到了祖师的呵斥，却并不为意。因他机敏灵活，参透盘中暗谜，在实践中学，动脑筋学，活学活用。"师父昨日坛前对众相允，教弟子三更时候，从后门里传我道理，故此大胆径拜老师榻下。"

　　但孙悟空初期除了想学长生之法外，并无多大理想，师父教他筋斗云时，嘻嘻笑道："悟空造化！若会这个法儿，与人家当铺兵，送文书，递报单，不管那里都寻了饭吃！"这是他内心所想，可见其并无什么远大理想。只想学了筋斗云，跑得快，当个信使，肯定有饭吃了。

　　正是因为悟空没有远大的理想，菩提祖师在传道时，只注重于技，而未注重道，即道理、道德等，所以悟空学了技术便在人前卖弄。师父责罚他"我问你弄什么精神，变甚么松树？这个工夫，可好在人前卖弄？假如你见别人有，不要求他？别人见你有，必然求你。你若畏祸，却要传他；若不传他，必然加害，你之性命又不可保。"菩提祖师这时责罚他已经晚了，应该在传授他技艺之初，便传授他这些道理。

　　师者，所以传道授业解惑也。菩提祖师对孙悟空有授业解惑之传授，却未授其道。祖师心知肚明，所以他说："你这去，定生不良。凭你怎么惹祸行凶，却不许说是我徒弟。你说出半个字来，我就知之，把你这猢狲剥皮锉骨，将神魂贬在九幽之处，教你万劫不得翻身！"这是多厉害的威胁。

　　我们知道：有德无才者，其善多为小善，谓之平庸；无德无才者，其恶多为小恶，谓之猥琐；有德有才者，其善多为大善，谓之高尚；有才无德者，其恶多为大恶，谓之邪恶。

　　在灵台山菩提祖师处学艺的悟空，只学了术，而未学道，所以他被菩提祖师逐出师门之时，菩提祖师已经预感到他所要形成的大恶，所以威胁他不准说出他的师门，不许说是他的弟子，不能有辱他的师门。但此时已晚矣，即使悟空不说是他的弟子，不说出师门，难道悟空曾经是他的弟子的事实，以及曾经拜在他的师门之事实能改变吗？菩提祖师应该醒悟的是，最初教导悟空时，便应教导他同时学道。这个道就是道理、道德，换而言之，即职业道德。

我们现在进行会计教育的机构与大学很多，特别是进行职业技术教育培训的，一般多以会计实务为主，以会计操作为主，而很少注重会计的职业道德教育。这样培训出来的弟子，都是孙悟空类型的，技术水平有了，职业道德未必有。这样的会计出师下山后，如果不形成危害还好，一旦形成危害，其危害程度将是巨大的。例如美国的安然公司，出事前1997—2001年虚构利润高达5.86亿美元。这可不是一般的会计师能做到的。这是需要有孙悟空七十二变的本事才能做到的。但这最终导致了安然公司的破产，也导致了安达信会计事务所的破产。

这样深刻的例子还有很多。我们培训出来的会计师，不是要让他们像孙悟空一样，大闹天宫的，而是要让他们服务社会经济发展的，所以在培训与教育技术时，不能像菩提祖师一样，只传艺不传道，一定要同时注重进行会计职业道德教育。

二十七、专业经验弥足贵

书中第六十九回"心主夜间修药物,君王筵上论妖邪",唐僧师徒走到朱紫国,朱紫国的国王正害病,孙悟空一行给国王治病,便运用到了非取经专业(财务)的专业知识与经验。

先看孙悟空的专业经验:孙悟空悬丝诊脉后厉声高呼道:"陛下左手寸脉强而紧,关脉涩而缓,尺脉芤且沉;右手寸脉浮而滑,关脉迟而结,尺脉数而牢。夫左寸强而紧者,中虚心痛也;关涩而缓者,汗出肌麻也;尺芤而沉者,小便赤而大便带血也。右手寸脉浮而滑者,内结经闭也;关迟而结者,宿食留饮也;尺数而牢者,烦满虚寒相持也。——诊此贵恙:是一个惊恐忧思,号为'双鸟失群'之证。"

孙悟空的专业水平如何,看国王的反映就知道了。那国王在内闻言,满心欢喜。打起精神,高声应道:"指下明白!指下明白!果是此疾!请出外面用药来也。"

再看八戒与沙僧的专业经验。孙悟空制药时,让那朱紫国人将八百八味药都送了来,却只要其中的几种。当行者道:"你将大黄取一两来,碾为细末"时,沙僧乃道:"大黄味苦,性寒,无毒;其性沉而不浮,其用走而不守;夺诸郁而无壅滞,定祸乱而致太平;名之曰'将军'。此行药耳。但恐久病虚弱,不可用此。"从沙僧对大黄药性的分析,此是行药,而且是很厉害的"将军",以国王久病虚弱之身,似乎不可用此。这一番分析与置疑,充分说明了沙僧的专业经验。

行者又道:"你去取一两巴豆,去壳去膜,捶去油毒,碾成细末来。"八戒道:"巴豆味辛,性热,有毒;削坚积,荡肺腑之沉寒,通闭塞,利水谷之道路;乃斩关夺门之将,不可轻用。"八戒也知道国王久病虚弱,分析了巴豆的药性后,置疑不可用此斩关夺门之将巴豆。从他的分析与置疑来看,八戒也具备一定的专业知识。

给国王治好了病,国王设宴感谢时,八戒看国王只给孙悟空敬酒,急了,正要说药中也有他接的马尿,却还只说了一个"马"字时,孙悟空接过道:"陛下早间吃药,内有马兜铃。"国王问众官马兜铃是何药,能治何病时,太医院官道:"兜铃味苦寒无毒,定喘消痰大有功。通气最能除血蛊,补虚宁嗽又宽中。"从太医院官的解释中分析,此药确能治国王的病,而且对症。这里既有孙悟空的灵机应变,也体现了太医院官的专业经验。

以上的这些专业经验,都是与医药行业相关的专业经验。难不成唐僧师徒一个个都去学了医,均想悬壶济世?当然不是的。唐僧师徒的任务是取经。制药治病的经验只不过是体现在取经任务中的行业经验而已。

我们财会人士也一样,专业任务是记账与财务管理等职责,但是不是就与其他专业知识或经验无关了呢?肯定不是的,财会人员也不是生活在真空中的,也要和各行各业相接触,也要和单位内的各部门相接触,绝对不能一心只做财务账,两耳不闻账外事。

我们财会人员可能工作在不同的行业,如建筑业、房地产业、制造业、商品流通企业、餐饮服务业,或是现代服务业等,每个行业都有每个行业不同的行业特征,我们只有像孙悟空一样,深入企业与行业,具有行业的专业经验,才能在行使财会职能时游刃有余,才能在记录与反映时驾轻就熟,才能在监督与管理时不至于盲人摸象。如若别人一问三不知,这个会计称不称职都有疑问了。

即使是在一个企业内部,财会人员也要具备专业经验,如生产企业中的生产流程,有多少工序,有几条作业流水线,哪条流水线生产哪种产品,有几个车间,每个车间有几个班组,主要的原辅材料,主要的供应商,材料的价格区间,产品的主要系列及品种,主要的销售商及消费群体等。只有熟练掌握这些专业知识与经验之后,处理账务才能心中有数,监督与管理才有具体的对象与目标可循。

当财会人员融入了企业内部之后,具备了充分的专业知识与经验后，便能像沙僧、八戒一样，分析问题，提出置疑，也才能像孙悟空一样，一一对问题进行解释，甚至在危急时刻如孙悟空一样灵活应变，不至于出错，而且能让专业人士对其处理的事项予以认可。这个时候的会计，不说大会计，至少可以给人一种老会计的印象，办事熟练，处事老到。这都是和会计人士的专业经验分不开的。

　　更升一层，当财会人员融入了大行业之后，他所具备的专业知识与经验必须更高一层，不仅仅是自己企业内部的、企业外部的、同行业之间的，整个行业的规律、特征、发展趋势、市场份额、产品特征等均了如指掌，分析问题肯定更加全面系统，看问题也是站在行业的宏观角度。这样胸中有了丘壑的专业会计，就能成长为行业的大会计了。

二十八、孙悟空的大境界

王国维说人生有三大境界：昨夜西风凋碧树，独上高楼，望尽天涯路（晏殊《蝶恋花》）；为伊消得人憔悴，衣带渐宽终不悔（柳永《凤栖梧》）；众里寻他千百度，蓦然回首，那人却在灯火阑珊处（辛弃疾《青玉案——元夕》）。

宋代禅宗大师青原行思提出参禅的三重境界：参禅之初，看山是山，看水是水；禅有悟时，看山不是山，看水不是水；禅中彻悟，看山仍然山，看水仍然是水。

孙悟空的境界在《西游记》中也有体现。第一次在第三十六回"心猿正处诸缘伏，劈破傍门见月明"中体现出来。当时唐僧师徒过了平顶山莲花洞后，唐僧问起悟空：西行已经有四五个年头，这西天怎么还没到？孙悟空说还很早，还在堂屋里转，不曾出大门。八戒道：那里有这般大堂屋？悟空道："把这青天为屋瓦，日月作窗棂；四山五岳为梁柱，天地犹如一敞厅！"

这是孙悟空的第一个大境界，说的是时空的境界。从这一境界中可以看出他眼界的开阔，心胸的宽广。在他看来，整个天地就是一个大的敞厅，所有的日月星辰、山川河流，都在这敞厅之中。也就是说他胸中有了丘壑，自然可以荡胸生层云了。这对我们会计人也有启示，会计人只有站得高，眼界开阔，考虑问题才能全面，也才能具有前瞻性，才能胸中有数。

书中第八十五回"心猿妒木母，魔主计吞禅"，唐僧师徒来到隐雾山前，唐僧看山峰险恶，远远的有些凶气，暴云飞出，渐觉惊惶，满身麻木，神思不安。孙悟空这时提醒师父，莫要忘记了《多心经》中的四句颂子"佛在灵山莫远求，灵山只在汝心头。人人有个灵山塔，好向灵山塔下修。"

三藏道："徒弟，我岂不知？若依此四句，千经万典，也只是修心。"

行者道："不消说了。心净孤明独照，心存万境皆清。差错些儿成惰懈，千年万载不成功。但要一片志诚，雷音只在眼下。似你这般恐惧惊惶，神思不安，大道远矣，雷音亦远矣。且莫胡疑，随我去。"那长老闻言，心神顿爽，万虑皆休。

这是孙悟空的第二个大境界，说的是思想的范畴，内心世界。唐僧本是孙悟空的师父，按说修为远高于孙悟空，但此处却是孙悟空的修为高于了唐僧。他有一颗坚忍不拔的心。王国维的人生三境界也好，青原行思的参禅也罢，都是修的心，只不过心中的境界有高低，体现出了层次感而已。这里孙悟空的修心，便有了高于他师父唐僧的立体感。我们会计人的修行，也是一个修心的过程，也要耐得住寂寞，也要有一个为伊消得人憔悴，衣带渐宽终不悔的过程；同时如果会计人不经历看山不是山，看水不是水的过程，就不会对经济事项的实质追根求源，不会产生怀疑，也不会有最终的顿悟与释然。

书中第九十九回"九九数完魔灭尽，三三行满道归根"，唐僧师徒取经成功，回东土之时，又路过通天河畔的陈家庄，陈家庄人感恩他们师徒搭救，除了妖怪，为他们立了一寺，装塑着他四众这像。众老道："这寺自建立之后，年年成熟，岁岁丰登，却不是老爷之福庇。"行者笑道："此天赐耳，与我们何与！但只我们自今去后，保你这一庄上人家，子孙繁衍，六畜安生，年年风调雨顺，岁岁雨顺风调。"

这是孙悟空的第三个大境界，是荣辱名利的境界。有多少人一生的追求，就是为了"名利"二字。如今在陈家庄，对于名利，孙悟空已看得如浮云流水一般，很淡然了，说这不是我们的功劳，这是天赐与你们的，与我们没有半毛钱的关系。但是我们心里是在为你们祈福的，祝愿你们子孙繁衍，六畜安生，年年风调雨顺，岁岁雨顺风调。

孙悟空的这三个大境界，也不是天生就有的，他刚开始随唐僧取经的时候，也听不得唐僧说他的委屈话，动不动就跑回花果山了，唐僧要念紧箍咒，他也烦，猪八戒在师父面前说他坏话，他也记恨在心上。但越到后来,唐僧念紧箍咒越少,甚至基本没念。为什么呢,这是因为孙悟空已经修行到了一定的程度,达到了青原行思所说的看山仍然是山,看水依然是水的境界了。这是经过了艰苦的修行,经过了为伊消得人憔悴,衣带渐宽终不悔的追求之后,所得到的修行结果,众里寻他千百度,蓦然回首,那人却在灯火阑珊处。这里便有顿悟了。

  我们会计人也一样,也要经过不停的修行,才能达到大会计的境界。对经济事项,我们刚开始看时,一是一,二是二,是没有什么怀疑的;到了一定的程度的时候,为什么是一,为什么是二,其来龙去脉,其因果关系,其逻辑思维,是有所悟,而未彻悟时的境界;最后,对经济事项彻底了解了,还原了事实的真相,再现了经济事项的过程与本质,一还是一,二还是二,于是便有了第三重境界。这第三重境界,看似简单,却是经过了化蛹为蝶的过程,是凤凰涅槃的浴火重生,是脱胎换骨。

二十九、唐僧的经验教训

师徒四人西天取经，唐僧一路上犯下的错误，不可谓不多，唐僧每次都在事后说要吸取经验教训，可每次事过之后，便又忘却。我们来一一分析。

书中第五十二回"孙悟空大闹金兜洞，如来暗示主人公"，孙悟空去化斋却又怕有妖怪，便给师父画了一个圈，让他不要走出圈外。不想唐僧听八戒之言，走出圈外，被妖怪捉了去。好不容易孙悟空最后请来妖怪的主人太上老君，才将青牛怪制服，收了他专套人宝贝的金刚琢，将唐僧解救出来。唐僧听了经过之后，感激不尽道："贤徒，今番经此，下次定然听你吩咐。"这时想到的是，当初要是听了悟空的吩咐，不出圈外，便没有这场灾难。现在知道了，下次要吸取教训了。可下次呢？

第六十五回"妖邪假设小雷音，四众皆遭大厄难"中，孙悟空再三提示此寺院有风险、有凶气，不是真的雷音寺，但唐僧执意要进，结果一进去，便被妖怪捉住捆绑了起来。孙悟空变化后进妖洞去解救唐僧时，唐僧甚喜道："徒弟！快救我一救！向后事，但凭你处，再不强了！"唐僧此时，也认识到了自己先前的错误，但他此话，却也丢失了原则。"向后事，但凭你处，再不强了！"相当于充分授权，以后的事情，悟空怎样处置都行，再不干涉，绝不勉强，当然也有服输服软的意思在里头。

第七十三回"情因旧恨生灾毒，心主遭魔幸破光"中，唐僧执意要自己去化斋，却被盘丝洞的女妖精捉住了。好不容易将唐僧救出来后，众徒弟们说："师父，下次化斋，还让我们去。"唐僧道："徒弟啊，以后就是饿死，也再不自专了。"这说明了一个什么问题，前面唐僧自专，刚愎自用。现在认识到错误了，也知道要吸取教训了。所以说饿死也不自专了，看来这个誓发得还是很毒的。

第八十回"姹女育阳求配偶,心猿护主识妖邪"中,陷空山无底洞中的女妖精,变化成一女子,被绑于林间,唐僧等要解救于她时,被孙悟空识破妖精,阻止唐僧,不让他救那妖怪。唐僧道:"也罢,也罢。八戒啊,你师兄常时也看得不差。既这等说,不要管他,我们去罢。"这时唐僧吸取了以前的经验教训,对八戒说,你师兄常时看得不差,这是经验之谈,是通过多次受苦受难得来的经验。是血的经验与教训。可是转眼便又忘却了。这正是江山易改,本性难移。

唐僧的受苦受难,一是与他的善良、心软以及良好的愿望相关。人之初,性本善。会计人也一样,希望他所处理的业务面对的所有人都是善良的,这也是一种良好的愿望。但会计人是千万不能当唐僧,当老好先生的。会计人必须坚持原则,当火眼金睛的孙悟空,对不符合法律法规的事项,坚决不予办理,否则,就会如唐僧被妖怪捉住一样,会计人也会被拖下水,自己也会犯下错误,自己也会说不清道不明地跨过红线,越过雷池,做下糊涂事,被妖怪捆住手脚。会计人要有如孙悟空一样的勇气,见到妖怪就要打,而且要有让其现出原形出来的信心和决心,正义才能最终战胜邪恶。

唐僧的受苦受难,二是与他的固执、刚愎自用、不听劝阻相关。会计人是领导决策的参谋,要为领导决策提供重要的数据依据。孙悟空在取经团队就扮演着这一角色,多次向唐僧提醒,但唐僧总是在关键时刻不听孙悟空的,而是听从了诸如猪八戒的建议,或者自专,不采纳徒弟们的建议。当孙悟空列举了多次不听劝阻导致的结果时,唐僧才无奈地说:"也罢,也罢。八戒啊,你师兄常时也看得不差。既这等说,不要管他,我们去罢。"就听一次孙悟空的劝阻,都好似无限的勉强。领导有固执的时候,会计人也有固执的时候,最关键要看固执的是什么:是正确的,可以坚持;如果是错误的,那便是一错再错了。

唐僧的受苦受难,三是与他不吸取经验教训,不善于总结相关。"贤徒,今番经此,下次定然听你吩咐。""徒弟!快救我一救!向后事,但凭你处,再不强了!""徒弟啊,以后就是饿死,也再不自专了。"上面这些话,都是唐僧受苦受难后的肺腑之言,当时是发自内心的,可是转眼就又忘记了血的经验与教训,刚好了伤疤便忘了痛。如果他吸取了前面的教训,并总结每次教训之后的经验,便不会一而再,再而三地犯类似的错误了。现实生活中,有些领导还在犯着同样的错误,而会计人,如果犯了雷同的错误,也许早就下岗了。

领导决策的错误,带来的是整个团队方向的错误、路线的错误,导致的结果便是南辕北辙。唐僧的经验教训,值得领导们认真的思索,同样也值得会计人认真的思索。

三十、折叠锅儿创新潮

《西游记》第七十六回"心神居舍魔归性,木母同降怪体真"中,唐僧师徒途经狮驼岭,大魔头一下将孙悟空吃到了肚子里。这回书里面就写到了折叠锅儿——吴承恩先生也太新潮了,唐朝时有折叠锅儿吗?要不就是他所处的明朝有了折叠锅儿?要不他怎么还将折叠锅儿写到《西游记》里面去了呢?我们来详加品析。

众妖听孙悟空在大魔头的肚子里面不想出来,要在里面过冬时,老魔道:"他要过冬,我就打起禅来,使个搬运法,一冬不吃饭,就饿杀那弼马温!"大圣道:"我儿子,你不知事!老孙保唐僧取经,从广里过,带了个折叠锅儿,进来煮杂碎吃。将你这里边的肝、肠、肚、肺,细细儿受用,还够盘缠到清明哩!"那二魔大惊道:"哥啊,这猴子他干得出来!"三魔道:"哥啊,吃了杂碎也罢,不知在哪里支锅。"行者道:"三叉骨上好支锅。"三魔道:"不好了!假若支起锅,烧动火烟,熻到鼻孔里,打嚏喷么?"行者笑道:"没事!等老孙把金箍棒往顶门里一搠,搠个窟窿:一则当天窗,二来当烟洞。"

这一段话表面看来,是孙悟空与三个魔头的对话,实际上是作者自己设想的关于如何运用折叠锅儿开火做饭的种种情况。听来饶有趣味。

第一,他的这个新潮的折叠锅儿,是从哪里来的?书中说,他们取经时,从广里过,带了个折叠锅儿。也就是说,这个折叠锅儿,是从广里带过来的。广里,是个什么地方呢?据360百科搜索:"在山东长清县西,《方舆纪要》平阴城北有防门,又北有光里,齐人言广音与光同,左传所谓堑防门而守之广里者也,司马彪续汉志,卢县有光里,亦曰广里,东魏初候渊自齐州罢还,行及广里,高欢复以渊行青州事,即此。"按说唐僧师徒从长安出发,一路向西,应该是不会走到山东去的。我们只能推测:这个广里,要么是个经济发达的地方,自个创新,发明出了折叠锅儿;要么是个贸易发达的地方,从别的地方交易而来的折叠锅儿。

第二,有了锅,还要有地方支,才好用,也就是要有个架锅的地方。这是三魔考虑的。其实三魔多虑了,孙悟空马上想到了解决的方法:三叉骨上好支锅。这怎么能难住顽皮十足的孙悟空呢?

第三,支起了锅,烧动火烟,这烟怎么排出去呢?还是三魔多虑。孙悟空来得直接:"没事!等老孙把金箍棒往顶门里一捣,捣个窟窿:一则当天窗,二来当烟洞。"

第四,支起了锅,还要有原材料,才能烧火做饭。这原材料从哪里来?老魔肚子里边的肝、肠、肚、肺,这可就受苦了,要被孙悟空细细儿受用——他要在里边煮杂碎吃!

这一番情理设想下来,孙悟空倒是可以在里面住上几个月了,他还说没有寒衣,正要在里面过冬,过了冬不说,还可吃到清明!这一住,倒成了住家客,一住就生了根似的,还赖着不走了!

作者写的这些新鲜物事,奇思妙想,突出的是一个"新"字。我们国家落后时,曾经形容西方的一些新鲜物事为"西洋镜",看这些新鲜物事,俗称"看西洋镜"。明朝时,正是西方开始工业革命与中国拉开距离的时候,而当时的作者吴承恩就敏感地写出了"创新"的"西洋镜"物事——折叠锅儿。这与我们时下提倡的"创新"如出一辙。

会计创新,时下提倡的是管理会计与会计信息化,这如会计创新的鸟之双翼、车之双轮,带动着会计创新的发展。作业成本法与平衡计分卡等管理理念被提上了重要的位置,集团公司成立财务公司或建立资金池,建立财务共享中心与业务处理平台,通过信息共享平台,迅速将业务信息转化成财务信息,达成业务与财务的融合,也就是业财一体化等,都是目前会计创新的一些具体举措。假如我们将会计创新当作折叠锅儿。

第一,要给它找个地方安放。会计创新,这个思路或者目标与理念,应该安放在会计管理人员的心中。会计人员的头脑之中时刻要有创新意识,才会形成创新风暴。有了创新的意识,才能安下创新这一折叠锅儿。

第二,怎样创新。创新不能闭门造车,一如孙悟空在老魔的肚子里还要开天窗,要有烟洞一样,创新要接地气,要和单位的实际情况相联系,要实用,具有可操作性。

第三,创新这个折叠锅儿,要有原材料,即要有内容,老魔肚子里的肝、肠、肚、肺,就是内容。会计创新中的管理会计、会计信息化就是大内容,大内容里面还要有小内容,要细分。

第四,折叠锅儿类的创新,是拿来主义。我们的创新还要在学会古为今用洋为中用等拿来主义的基础上,有发明有创造,发明出自己的折叠锅儿,创新出自己的并能指导实践的会计理论和会计方法。这才是会计创新的最高境界。

第五,2015年我国开始提倡的五大发展理念:创新、协调、绿色、开放、共享,将创新列在了首位。无独有偶,G20杭州峰会的主题为"构建创新、活力、联动、包容的世界经济",创新也是排在首位。可见创新之重要。我们会计人也要顺应创新潮流,要有"弄潮儿向涛头立,手把红旗旗不湿"的精神,争当创新的弄潮儿。

三十一、专业人做专业事

书中第七十七回"群魔欺本性,一体拜真如"中,写妖怪将唐僧师徒捉住后,商量怎样将他们蒸来吃的一个细节,这里面涉及一个专业:厨艺。

老怪道:"不好蒸的,安在底下一格。"

行者笑道:"八戒莫怕,是'雏儿',不是'把势'。"

沙僧道:"怎么认得?"

行者道:"大凡蒸东西,都从上边起,不好蒸的,安在上头一格,多烧把火,圆了气,就好了;若安在底下,一住了气,就烧半年也是不得气上的。他说八戒不好蒸,安在底下,不是雏儿是甚?"

从上面的对话中,可以看出专业做厨师的与非专业的区别,非专业的连许多基本常识都不懂,是典型的外行,怎么会将事情做好呢?所以行者将其称呼为"雏儿",让八戒不要害怕。

书中第六十九回"心主夜间修药物,君王筵上论妖邪"中,孙悟空悬丝诊脉后,厉声高呼道:"陛下左手寸脉强而紧,关脉涩而缓,尺脉芤且沉;右手寸脉浮而滑,关脉迟而结,尺脉数而牢。夫左寸强而紧者,中虚心痛也;关涩而缓者,汗出肌麻也;尺芤而沉者,小便赤而大便带血也。右手寸脉浮而滑者,内结经闭也;关迟而结者,宿食留饮也;尺数而牢者,烦满虚寒相持也。——诊此贵恙:是一个惊恐忧思,号为'双鸟失群'之证。"那国王在内闻言,满心欢喜。打起精神,高声应道:"指下明白!指下明白!果是此疾!请出外面用药来也。"

从上面这段话中,可以看出孙悟空号脉诊病,一定是专家了,不然不会只将症状一说,那国王马上心悦诚服。后面孙悟空治药,用大黄、巴豆、锅灰等皆有讲究,全部是对症下药,可以充分看出这是专业人在做专业事。

书中第二十一回"护法设庄留大圣,须弥灵吉定风魔"中,孙悟空被黄风怪一阵大风吹过后,对八戒说:"救师父且等再处,不知这里可有眼科医生,且教他把我眼医治医治。"八戒道:"你眼怎的来?"行者道:"我被那怪一口风喷将来,吹得我眼珠酸痛,这会子冷泪长流。"这也是在说专业人做专业事了,想来明朝时眼科医治已经成为了一个专科了。

果然后面他们遇到了能医治的,那老者道:"我这敝处,却无卖眼药的。老汉也有些迎风冷泪,曾遇异人,传了一方,名唤'三花九子膏',能治一切风眼。"看来不仅是开设了眼科专科,还研制出了专门的眼科眼药。对治疗眼科,还进行了众多的区分,比如专门治疗风眼的,就是其中的一种。

第二十二回"八戒大战流沙河,木叉奉法收悟净"中,八戒与沙僧大战之时,对沙僧夸口道:"我把你少打的泼物!且莫管甚么筑菜,只怕荡了一下儿,教你没处贴膏药,九个眼子一齐流血!纵然不死,也是个到老的破伤风!"里面就既讲了治外伤的贴膏药,又还专门讲了一个医学用语:破伤风! 这应该是当时需要专家治疗的疾病了。

做任何事,只要干一行,爱一行,便能专一行,精一行。会计行业亦如此。

会计是什么,会计是一门职业,是一门将经济业务转化为会计的语言,反映经营成果和现金流量的职业。犹如蒸东西要用蒸笼格子一样,会计行业,也有自己的蒸笼格子,这就是与会计相关的行为准则,如《会计法》以及会计准则、制度、规范等,这些都是框框,处理所有经济业务,都要按这些框框的标准与要求,不能逾越。自然在既有的蒸笼里面,知道最难蒸的要放在最上面的一格,就是把势,而不是新手;在会计既定的框框里面能够运用自如的,便是经验丰富的熟手,而非未入门的新入了。

审计是什么,审计也是一门职业,是一门对会计信息进行检查,以增强会计信息可信程度的职业。犹如看病一样,审计就是对企业的身体进行检查,一样号脉,也要望闻问切,只不过号脉与望闻问切的手段各不相同而已。企业内部审计是为了更好地发挥企业资金的作用,更好地发挥企业的效益,杜绝一些对企业发展不利的因素。其实这也是管理的内容之一,是对会计的提升。一如看病,目的是什么,是为了治病,是为了对症下药,让身体恢复健康,审计的目的如同给企业看病一样,眼科要当眼科看,破伤风要当破伤风看,该下泄药的要下泄药,该贴膏药的要贴膏药,目的都是为了企业能够健康的发展。

财务管理是什么,它是对会计的提升,在进行财务管理时,必须对财务进行分析,包括资金运作分析、经营管理分析、财务政策分析、投融资管理分析、财务报表分析,为什么要进行这些分析,目标很明显,是通过分析后,得出一个结论,然后为未来的决策做参考。财务管理要充分运用会计专业和审计方面的知识与手段,这不仅仅涉及一个专业,还涉及多个专业领域了。

会计、审计与财务管理,都是专业事项,而且是相关的专业事项。精通会计是做好审计与财务管理的基础。没有金刚钻,不揽瓷器活。专业人做专业事,如果在会计方面都还是"雏儿",是很难做好审计与财务管理的,更不要说成为"把势"了。

现在提倡的"工匠精神",讲究的"匠心",都与专业人做专业事相关。专业人做专业事,要学会活学活用。无论是厨师、药师,还是会计师、审计师,在专业上除了要有一种锲而不舍的追求精神,才能达到精益求精之目的与功效外,专一行,精一行,还要学会举一反三,触类旁通,直至融会贯通。老子说:治大国,若烹小鲜。治国和厨艺联系起来了,便是触类旁通、融会贯通的典型范例。

三十二、八戒的专业经验

书中第四十八回"魔弄寒风飘大雪，僧思拜佛履层冰"，唐僧师徒途经通天河时，猪八戒几次体现出了他的专业经验。

猪八戒本是天上的天蓬元帅，只因犯了天规，被贬下凡尘，可惜投错了猪胎，生下了一副丑陋的面孔。但因其在天上曾任天蓬元帅，主管天河水府，积累了一定的江河湖海的管理经验，这一专业经验，在其取经途中发挥了重要的作用，特别是在路过通天河时，体现得尤为充分。

唐僧师徒来到通天河畔时，八戒道："等我试试，看深浅何如。"三藏道："悟能，你休乱谈。水之深浅，如何试得？"八戒道："寻一个鹅卵石，抛在当中。若是溅起水泡来，是浅；若是骨都都沉下有声，是深。"

等妖怪弄寒风飘大雪，冰封了通天河后，唐僧师徒来到河边，八戒道："你们且休讲闲口，等老猪试看有多少厚薄。"行者道："呆子，前夜试水，能去抛石；如今冰冻重漫，怎生试得？"八戒道："师兄不知。等我举钉钯筑他一下。假若筑破，就是冰薄，且不敢行；若筑不动，便是冰厚，如何不行？"三藏道："正是，说得有理。"那呆子撩衣拽步，走上河边，双手举钯，尽力一筑，只听扑的一声，筑了几个白迹，手也震得生疼。呆子笑道："去得！去得！连底都锢住了。"

师徒一行来到河边冰上，那马蹄滑了一滑，险些儿把三藏跌下马来。沙僧道："师父，难行！"八戒道："且住！问陈老官讨个稻草来我用。"行者道："要稻草何用？"八戒道："你那里得知？要稻草包着马蹄方才不滑，免教跌下师父也。"

离河边行三四里远近，八戒把九环锡杖递与唐僧道："师父，你横在马上。"行者道："这呆子奸诈！锡杖原是你挑的，如何又叫师父拿着？"八戒道："你不曾走冰凌，不晓得；凡是冰冻之上，必有凌眼；倘或踏着凌眼,脱将下去,若没横担之物,骨都的落水,就如一个大锅盖盖住,如何钻得上来！须是如此架住方可。"行者暗道:"这呆子倒是个积年走冰的!"果然都依了他。长老横担着锡杖,行者横担着铁棒,沙僧横担着降妖宝杖,八戒肩挑着行李,腰横着钉钯,师徒们放心前进。这一行,大家都有物件横着,好防备凌眼,不至于一下子掉进冰窟窿中。

如果不是妖怪弄神通,将唐僧掳走,按猪八戒的走法,唐僧师徒应该可以安然无恙地从冰上过河,这里面充分体现了猪八戒的专业经验。整部《西游记》中,写猪八戒,多是他的贪吃、贪财、贪色、懒惰、意志不坚定经常嚷着要散伙等等,很少从正面描写他。但这一回书实实在在的写了他的专业经验。

我们踏入职场后,听得最多的关于职业教育的励志语便是:干一行,爱一行;精一行,专一行。从猪八戒过通天河的专业经验分析,猪八戒在他担任天蓬元帅,主管天河水府事宜之时,他是精一行,专一行的,不然连经常揪他耳朵瞧不起他的孙悟空都说他倒像是个积年走冰的,这其实就是对他专业经验的夸奖。

我国的经济发展正在进入由粗放经营转入精细经营的转型时期,这一转型时期的突出特点就是要有"工匠精神",也就是要有"干一行,爱一行;精一行,专一行"的专业精神、敬业精神。猪八戒的专业经验无疑给了我们一个很好的例证。

会计人服务于不同的会计主体之中,每个会计主体所处的行业也是各不相同。不同的行业的不同的会计主体,各有其不同的特征。会计人要想在不同行业的不同会计主体中充分发挥自己的作用,就必须能够熟练地掌握和运用行业知识与技能,必须像猪八戒管理天河水府一样,做到"干一行,爱一行;精一行,专一行",只有具备了这样的专业精神、"工匠精神",我们会计人才能在社会分工越来越细、精细化程度越来越高、信息化速度越来越快的经济大潮中抢得一席之地,才能立住脚跟,并充分发挥财务的专业职能与经验,为企业的经济发展做出自己应有的贡献。

猪八戒的专业经验,其实就是作者吴承恩的专业经验。作者的专业经验不仅仅体现在猪八戒的身上，还体现在整部《西游记》中的诸多人、神、妖、仙、怪的身上。无论是天文地理、医卜星相，还是佛家道家，抑或地域风情、饮食文化，纵横于天上人间、幽冥鬼府，作者仿佛信手拈来，毫不费力。这其实需要深厚的功底，这些专业经验的积累，已经让他具备了成为大家的基础，《西游记》成了他这个大家充分展示才能的载体。

我们会计人要想成为大家，也需要积累众多的专业经验。当积累的专业经验达到一定的程度的时候，量变就会发生质变，我们会计人就再也不是别人眼中的小会计，而成了人人称道的大会计。

三十三、八戒的经济头脑

书中第七十六回"心神居舍魔归性,本母同降怪体真",写唐僧师徒在狮驼岭遇了三个厉害的妖怪,猪八戒被捉并吊在妖洞之中,孙悟空看他四肢朝上,嚼着嘴,半浮半沉,嘴里呼呼的,着然好笑,倒像八九月经霜落了子儿的一个大黑莲蓬。大圣见他那嘴脸,又恨他,又怜他,恨他动不动分行李散火,又要撺掇师父念《紧箍咒》咒他。刚好前日曾闻沙僧说,他攒了些私房,不知可有否,想个手段来吓他一吓。

孙悟空装作阎王差来勾魂的,拿着"追命绳",向猪八戒索要盘缠。有,便耽搁一日两日的;没有,立马跟着就走。这时候就应了一句老话:有钱能使鬼推磨。八戒只好实话实说了:"可怜,可怜!我自做了和尚,到如今,有些善信的人家斋僧,见我食肠大,衬钱比他们略多些儿,我拿了攒在这里,零零碎碎有五钱银子;因不好收拾,前者到城中,央了个银匠合在一处,他又没天理,偷了我几分,只得四钱六分一块儿。你拿了去罢。"

书中写孙悟空恨八戒分行李散火,其实也不能完全怪八戒。他每次提出分行李散伙时,都是有前因的,总是在唐僧被擒,或是在他看来取经无望时,才提出来的,从来没有无缘无故的提出来。也就是说,他认为前一个经营目标很难实现的时候,才提出来的,他这是改变经营目标。

书中写八戒攒私房钱,以备急用,更是一点错误都没有。俗话说晴带雨伞,饱带饥粮,说的都是要有准备工作。企业预算里面的资金预算里面就经常有预备费等。他的这一准备工作充分体现了他的经济头脑。

你看他怎样攒钱,攒得多辛苦。都是牙齿缝里刮下来的,舍不得吃攒下的。"我自做了和尚,到如今,有些善信的人家斋僧,见我食肠大,衬钱比他们略多些儿,我拿了攒在这里,零零碎碎有五钱银子;因不好收拾,前者到城中,央了个银匠合在一处,他又没天理,偷了我几分,只得四钱六分一块儿。"这样辛苦攒下来的钱,也只是为了应急,以备不时之需要,根本不像孙悟空等,有了一顿充,没了敲米桶,每到饥饿之时,手托紫金钵,再驾筋斗云,说尽好话去化缘。

书中第九十二回"三僧大战青龙山,四星挟捉犀牛怪",八戒听孙悟空说那几个妖怪是犀牛怪时,道:"若是犀牛,且拿住他,锯下角来,倒值好几两银子哩!"

从这一番话中我们可以看出,一是八戒有经济头脑;二是明朝时,就有买卖犀牛角的惯例了,而且犀牛角是贵重物品,价值高。

等到捉杀了犀牛怪后,八戒与沙僧将他洞内细软宝贝——有许多珊瑚、玛瑙、珍珠、琥珀、宝贝、美玉、良金,等等都搜了出来。

这些宝物后来作了何用?原来那妖怪在金平府作怪,被捉拿后,金平府那二百四十家灯油大户酬谢唐僧师徒一行。八戒遂心满意受用,把洞里搜来的宝物,每样各笼些在袖,以为各家斋筵之赏。也就是没有白吃人家的。不仅没有白吃,相反还让斋僧的人家拾了莫大的便宜。八戒讲究的是礼尚往来,不是像唐僧、孙悟空、沙僧吃了别人的,油嘴一抹便走路,什么表示也没有。

最后剩下的宝物,由孙悟空尽送慈云寺僧,以为酬礼。唐僧师徒一行,不会融资,倒是斋僧的人家,以及寺庙,没有去采取融资的举措,却白白得了融资的好处。

综观整部《西游记》,取经团队中每次化缘多半是孙悟空的事,所以管钱管账的一般都是孙悟空,很少要八戒去化缘,也就很少让他参与经济事务,八戒的经济思想便不能充分地发挥。其实如果是八戒管钱、管账的话,取经团队的日子肯定要好过许多,因为八戒常常在为以后做着准备,筹集储备资金,以备不时之需。而孙悟空是有了一顿充,没了敲米桶,根本没有储蓄的思想观念。

我们再来分析八戒积攒来的钱,到底起了什么作用。是不是他一个人吃独食呢？不是的，他们取经团队接受了别人的宴请后，唐僧也好，孙悟空也好，沙僧也好，都是吃完之后，油嘴一抹，什么表示也没有，而八戒却可以打赏各家，难道这是他一个人的面子吗，当然不是的，这是整个取经团队的面子，也就是说，他积攒下的钱财还是为集体积攒下来的，还是用到了集体方面。

  我们知道，任何人如果只知道索取，而不奉献，那他的索取是不可能长久的。整个取经团队，除了八戒以外，其他人去化缘，别人施舍好像是天经地义的，而且是永远的、必须的，这种思想观念在现代经济社会之中，是行不通的。例如扶贫。扶贫并不是一味地给贫困地区、贫困人口资金就行的，也不是贫困地区和贫困人口一味向上要、索取就可以的。内因是主要因素，是关键。贫困地区和贫困人口自身需要努力，不能一味地让孙悟空去化缘、化缘再化缘，永远指望着别人的帮助来解决问题，需要像猪八戒一样，要有经济头脑，在别人的帮助下，靠自身的努力去改变困境，达到发展的目的。有舍方有得，不舍，不付出，怎么会有回报呢。

三十四、心猿意马踏实地

说到"心猿意马",在《西游记》中,大家很快就能想到孙悟空与白龙马。成语心猿意马,指的是我们的心念可以像孙悟空一个筋斗十万八千里,一会儿上天入地,一会儿天宫地府,上穷碧落下黄泉,或如白龙马一样,信马由缰,任意驰骋。其实如果是这样,唐僧取经何必还要经过九九八十一难呢?因为这些都只是臆想,不是脚踏实地去干出来的。唐僧的取经,就是脚踏实地一步一步走出来的,历经十四载风霜寒暑,跋涉千山万水,最终得来的。这需要坚定的意志与坚韧的作风。

孙悟空自从归依了佛门,拜唐僧为师之后,心猿归正,意马收缰,虽然自己能一个筋斗十万八千里,却还是老老实实,一步一个脚印,陪伴唐僧西天取经。即使出外办事,也是速去速回。书中有多次写过这种变化。

第十六回"观音院僧谋宝贝,黑风山怪窃袈裟"中,孙悟空借避火罩用后,送回南天门广目天王时,天王道:"许久不面,请到宫里少坐一时,何如?"行者道:"老孙比在前不同,'烂板凳,高谈阔论'了;如今保唐僧,不得身闲。容叙!容叙!"急辞别。这里孙悟空说的从前,是他今日东游,明日西逛,没有做一件实事。其实那时,玉帝也没有给他什么具体工作,他也无法去脚踏实地工作。

第二十六回"孙悟空三岛求方,观世音甘泉活树"中,孙悟空至瀛洲求九老仙方医万寿山庄之人生果树,九老无方,留他饮琼浆,食碧藕。行者定不肯坐,止立饮了他一杯浆,吃了一块藕,急急离了瀛洲,径转东洋大海。从孙悟空"立"饮一杯浆中的这一"立"字看,说明孙悟空办事之迫切心情,站着喝了一杯,坐都未坐一下,然后是"急急"离了瀛洲,"径转"东洋大海。可见孙悟空此时脚踏实地的作风早已如影随形。

当然书中还有很多这种脚踏实地的例子。是不是所有事情,只要脚踏实地就可以了呢?不是的,我们必须还要有心猿意马的创新精神。要敢于想,只有敢于想,才会有创新的意念,才能形成创新。

许多事情,在以前看来是心猿意马的事情,但由于科技的进步,很快变成了现实。比如移动通讯、电话、手机、视频、神舟飞天、蛟龙探海等。这些科学技术的进步,其实包含着多少脚踏实地的研究与探索,经历过多少次的失败与挫折。

财务的具体工作,可以分为两个方面:一是记录与反映,二是监督与管理。这都是需要脚踏实地去做的事情。这两个大的方面的工作,可以细化成千万个分子工作,这些工作,没有哪一项是可以心猿意马能成功的。

在财务的具体事务之中,千万来不得半点马虎。这就需要财务人员将心猿归正,意马收缰,脚踏实地工作。这其实并不是一件很难的事情,也不是不可能的事情,只不过是一种很细致很繁琐的事情,做多了,做久了,也便习惯成自然了。

假如我们将心猿意马看成是创新的精神,这同样是一种不可或缺的精神。如会计电算化,在以前就可能是心猿意马的事情,会被认为是痴心妄想的事情,如今早已成为现实,它取代了繁琐的手工记账。现在管理会计的创新,会计信息化的创新,建立财务共享中心,建立大数据平台,将业务信息迅速转化为财务信息等,都正在将一些心猿意马之事,逐步变成现实。

我们财务人要将心猿意马与脚踏实地有机地结合起来。在创新方面,我们一定要有敢于想的精神,有敢于创新与实践的精神,不能老是因循守旧,不敢实践,要有敢于将心猿意马变成现实的精神;同时,我们又必须脚踏实地,如唐僧西天取经一样,跋涉千山万水,历经千辛万苦,方能求得真经,取得正果,财务人也才能圆满地完成自己的工作与任务。

从总体上看,我们财务人要具备脚踏实地的工作作风、心猿意马的创新精神,需要从多方面加强学习与培养,特别是眼界、心胸的培养。

眼界决定了视野，站得高，方能看得远，视野才开阔，所思所想，才具有前瞻性、预见性，这样的心猿意马才会对以后的工作带来有利的影响；心胸决定了容量，"没有做不到，只有想不到"，如果想都不敢想，肯定做不到。胸中有丘壑，才可以荡胸生层云。只要胸中有了全局观、全球观，便能像如来一样，将手掌打开，孙悟空一个筋斗，十万八千里，荡去荡来，还在他的手心之中。

三十五、取经功成评绩效

唐僧师徒跋山涉水，历经十四载寒暑，经过九九八十一难，终于到达西天，取回真经，完成了唐太宗李世民所规划的取经任务。对于这一已经完成的项目，我们对此进行绩效评价，分别选取了以下三大类指标进行评价。

（一）项目选取

第一，可行性论证。一般项目的选取，都要有可行性研究报告，对实施项目进行充分的论证。取经这一项目，体现的是唐太宗所代表的国家意志，目的是解百结之冤。观音菩萨代表佛祖营销真经时，投其所需，从外部直接论证了项目可行。也就是说，项目目标的科学性、合理性是无须置疑的，但过程曲折。观音菩萨现场解说，十万八千里。道路艰难曲折。

第二，项目批复规范。对取经这一项目的批复者是唐太宗李世民。得知取经任务之艰巨，整个长安只有玄奘一人自告奋勇出来。为了让他接受重任，完成使命，唐太宗一是与其结拜为兄弟，让其发誓道："我这一去，定要捐躯努力，直至西天；如不到西天，不得真经，即死也不敢回国，永堕沉沦地狱。"二是为其赐名号，名为"三藏"，就是要让玄奘始终都要记住他的使命就是要取回三藏真经。最后怕玄奘取经不回，在为其送别时，还捻土弹入玄奘酒杯之中说道："日久年深，山遥路远，御弟可进此酒：宁恋本乡一捻土，莫爱他乡万两金。"

第三，取经人的遴选公开公平。唐太宗要行佛事，挑选高僧。众官查得玄奘根源又好，德行又高；千经万典，无所不通；佛号仙音，无般不会。所以太宗赐他左僧纲、右僧纲、天下大阐都僧纲之职，书办旨意，前赴化生寺，择定吉日良时，开演经法。这才引来观音货卖袈裟，公开踢馆，讲演大乘佛法，进行真经营销。唐太宗得知大乘真经具有如此功效后，立即下单购买。可那时没有飞机、高铁，也没有顺丰快递，只能安排取经人前往取经。唐太宗现场公开招聘，结果应聘的就玄奘一人而已，舍他无人。

（二）项目实绩

第一，项目的进展。这一指标考核取经项目完成的及时性，考核时效。取经这一项目，历经十四载寒暑，路途十万八千里，唐僧师徒从未有意耽搁。四圣试禅心，良田豪宅，金钱美女，都未打动过唐僧取经之心；通天河结冰万分危险，唐僧依然策马前行；铜台府地灵县寇员外热心斋僧，唐长者不贪富贵，仍然西天取经；二尊者百般刁难索要人事，唐僧情愿奉上化斋之钵盂，连吃饭的家伙都给人家了，目的就一个：取经。从这一系列的事件看，项目的进展应该算是迅速的、及时的。

第二，项目完成质量。这一指标考核取经项目完成的有效性，考核质量。唐僧师徒第一次取的是无字真经，肯定达不到质量要求，所以他们第二次再上灵山，重取真经。这一回，从三十五部真经中，各检几卷，共计五千零四十八卷。此数盖合一藏也。也就是说，三藏真经，取了一藏回来，并未将三藏全部取回。可以说，有质量，但在数量上还是有欠缺的。这一项目理应扣分。

第三，验收的有效性。当然第一次取的是无字真经，没有经过认真的验收，结果导致了反复，不得不再回西天，重取真经。第二次真经开出了明细，唐僧师徒四人都认真进行了检查验收。回到东土大唐后，唐太宗先是询问："多少经数，怎生取来？"后又召翰林院及中书科各官誊写真经，录了副本。对取回的真经进行了验收。对取经过程，也进行了查验，唐僧命徒弟将通关文牒取了出来，交给唐太宗审核，牒文上盖有宝象国、乌鸡国、车迟国、西梁女国、祭赛国、朱紫国、狮驼国、比丘国、灭法国、凤仙郡、玉华州、金平府印章。这是做不来假的。

（三）项目效益

其一，经济效益。取经成功，给唐太宗带来的经济效益，可以忽略不计,因为这个数据无法考量与评价。但直接为佛祖带来经济效益倒是可以考量和评价的。为佛祖带来的经济效益可以说是无穷大,不可估量。

其二,社会效益。第一,宣传唐朝。唐僧师徒作为外交使节,出使了宝象国、乌鸡国、车迟国、西梁女国、祭赛国、朱紫国、狮驼国、比丘国、灭法国、凤仙郡、玉华州、金平府等国家和地区,宣扬了中华文化,进行了交流和传播,形成了社会效益。第二,为稳定社会作出了贡献。大乘真经让人信命,说人生来就是苦的,要安分守纪,今生多修善果,寄希望于来生。不要造反,引发社会紊乱。这对稳定唐王朝的统治做出了一定的贡献。

其三,环境效益。火焰山赤热难耐、凤仙郡三年不雨等,取经团队对环境改善有重大影响,好的影响。但也有坏的影响,如车迟三仙被灭后,车迟国未来的求雨怎么办?客观公正地评价,对环境的影响有扣分项。

其四,可持续影响。通天河收了金鱼精,免除了陈家庄年年进贡童男童女的陈规旧俗;铜台府灭了犀牛精后,免除了铜台府百姓以后的灯油税费;火焰山过了之后,七七四十九扇,灭了火焰山之火等,这样的可持续影响是好的,但可持续影响中也有不好的,如铜台府将所有的犀牛都灭了之后,再没有珍稀动物犀牛,对当地的生态环境是否造成影响?这就是可持续影响。这一项目,也有扣分项。

其五,公众满意度。火焰山的百姓、凤仙郡的百姓、金华府的百姓、通天河陈家庄的百姓是满意的,但车迟国的百姓未必满意。西梁女国不仅国王不满意,未招收唐僧当驸马;普通民众也不满意,孙悟空除恶未尽,给西梁女国留下无穷隐患。此项肯定要扣分。

通过对唐僧师徒西天取经这一项目进行绩效考核,总的评价为优。通过总结项目实施的做法,以及经验和教训,得出一个最重要的经验便是:发挥团队的作用最重要。

唐僧、孙悟空、猪八戒、沙和尚、白龙马这一团队,每个人在取经过程中,都发挥了不可替代的作用。正是在团队众志成城的努力下,才取得了最终的成功(真经)。